青少版

西南联大文化课

吴晗 等/著

天地出版社 | TIANDI PRESS

图书在版编目（CIP）数据

西南联大文化课：青少版 / 吴晗等著. -- 成都：天地出版社, 2025.5. -- ISBN 978-7-5455-8782-1

Ⅰ.K203-49

中国国家版本馆CIP数据核字第2025TA2327号

XINANLIANDA WENHUAKE（QINGSHAO BAN）

西南联大文化课（青少版）

出 品 人	杨　政
作　者	吴　晗　等
责任编辑	孙若琦　杨金原
责任校对	张月静
封面设计	刘　洋
内文排版	谢　彬
责任印制	王学锋

出版发行	天地出版社 （成都市锦江区三色路238号 邮政编码：610023） （北京市方庄芳群园3区3号 邮政编码：100078）
网　　址	http://www.tiandiph.com
电子邮箱	tianditg@163.com
经　　销	新华文轩出版传媒股份有限公司
印　　刷	河北鑫玉鸿程印刷有限公司
版　　次	2025年5月第1版
印　　次	2025年5月第1次印刷
开　　本	710mm×1000mm　1/16
印　　张	15.25
字　　数	258千字
定　　价	42.00元
书　　号	ISBN 978-7-5455-8782-1

版权所有◆违者必究

咨询电话：（028）86361282（总编室）
购书热线：（010）67693207（营销中心）

如有印装错误，请与本社联系调换。

编者的话

西南联大只存在了八年时间，却培育了两位诺贝尔奖得主、五位中国国家最高科学技术奖得主、八位"两弹一星"功勋奖章得主、一百七十多位中国科学院院士和中国工程院院士。这是中国教育史上的传奇。传奇的缔造并非偶然，而是源于强大的师资力量和自由的教学风气。

西南联大成立之时，虽然物资短缺，没有教室、宿舍、办公楼，但是有大师云集。闻一多、朱自清、张荫麟、罗庸等大师用他们富足的精神、自由的灵魂、独特的人格魅力以及深厚的学识修养，为富有求知欲、好奇心的莘莘学子奉上了凝聚着自己心血的课程。

闻一多的唐诗课、张荫麟的历史课、朱自清的文学课……无一不在民族危难的关头闪耀着智慧的光芒，照亮了求知学子前行的道路，为文化的继承保存下了一颗颗小小的种子，也为民族的复兴带来了希望。

时代远去，我们无能为力；大师远去，我们却可以把他们留下的精神和文化财富以文字的形式永久留存。这既是大师们留下的宝贵财富，也是我们应该一直继承下去的文化宝藏。

为此，2020年编者特别策划了"西南联大通识课"丛书，从文学、国史、哲学、诗词、文化、古文、国学等七个方面展现西南联大的教育精神和大师风貌，以及中华民族的文化与思想特点。出版之后，"西南联大通识课"丛书受到社会各界读者的好评。还有很多读者认为这套丛书的内容十分适合用来培养青少年的国学修养，可以帮助青少年深入接触、了解和传承中华优秀传统文化。为此，编者特意在"西南联大通识课"丛书的基

西南联大文化课（青少版）

础上，策划了这套"西南联大通识课（青少版）"丛书，致力于让青少年读者无壁垒接触西南联大通识课程，感受大师们的智慧，感悟传统文化的魅力。

"西南联大通识课（青少版）"丛书精选更贴合青少年学习的汉语、文化、写作等方面的内容，通过旁批的形式进行注释，所注内容包括但不限于生僻字注音、解释，古汉语解释，文言文翻译，文学常识，文史知识，编者勘误等内容，又增加了"延展阅读"版块，拓展相关阅读，帮助青少年读者将知识融会贯通。

本书讲"文化课"。所选的各篇文章，在内容的侧重和表述方式上有很大的不同，这是各位先生在教学和写作风格上各有千秋的结果。这一点，不仅体现了先生们各自的写作特点，更体现了西南联大学术上的"自由"，以及教学上的"百花齐放"。

在整理文章时，编者依旧秉持既忠实于西南联大课堂，又不拘泥于课堂的原则：有课堂讲义留存的，悉心收录；未留存有在西南联大任教时的讲义，而先生们在某一方面的研究卓有成就的亦予以收录，如第三课蒋梦麟先生的《敌机轰炸中谈中国文化（节选）》，内容取自其自传《西潮》；还有一部分文章是先生们在西南联大教授过的课程相关内容，但内容不一定为在西南联大期间所写。此外，本书选取文章时还充分考虑青少年读者的知识储备、阅读的广度和难度，以及学校课程的安排等多方面因素，力求通过这些作品让青少年了解传统文化，提升国学素养。

按照上述选篇原则，编者选择了吴晗、罗庸、冯友兰、张荫麟、雷海宗、蒋梦麟、汤用彤等七位先生的十六篇作品，以他们现存作品中较为完整的全集类作品或较为权威的单本作品作为底本。这些底本不但能保证本书的权威性，也能将先生们的作品风貌原汁原味地呈现出来。

因时代不同，有些提法或者观点虽然现今多已不再使用，编者还是予以保留；同时，每个人的写作习惯以及每篇文章的体例、格式等亦有不同，为保证内容的可读性、连续性以及文字使用的规范性，编者在尊重并

编者的话

保持原著风格与面貌的基础上，进行了仔细编校，纠正讹误，统一体例，仅保留少数异体字。具体如下：

1. 原文中作者自注均统一为随文注，以小字号进行区分；旁批均为编者所加注释。

2. 因篇幅限制，部分文章只能节选，对这些节选的内容，编者皆在标题后加"（节选）"予以说明。

3. 编者对部分原文标题重新进行了处理，如第三课冯友兰先生的《应对西洋文化持什么态度（节选）》，内容选自《新事论》，原标题为《别共殊》，因本书只选用了其中一小节，故使用原小节标题作为本篇篇名。

4. 文中数字，皆在遵守数字用法规范的前提下，兼顾了局部体例的统一。

5. 为保证旁批内容的准确性，编者参考了许多权威工具书，如《辞海》《辞源》《中国古今地名大词典》等，书中不再一一列出。

6. 文中表示时间的数字皆改为阿拉伯数字。为保持全书体例一致，编者对书中表示公元纪年的方法也进行了统一处理。正文中，表示公元纪年的名称"西元""西历""纪""西"皆统一为"公元"。随文注中，表示时间段的，统一以"前×××—前×××"或"×××—×××"表示；表示时间点的，则统一以"公元前×××年"或"公元×××年"表示。旁批和"延展阅读"版块中，表示时间段的，统一以"前×××—前×××"或"×××—×××"表示；表示时间点且用于对照中国历史纪年的，统一以"前×××"或"×××"表示；单独表示时间点的，则统一以"前×××年"或"×××年"表示。

7. 因时代语言习惯不同造成的差异，编者对正文中除姓名、引文外的文字做了统一，如"惟""想像""其它""透澈""轮迴""人材""摹仿""那末""甚么""无需"等词皆改为现今通用的"唯""想象""其他""透彻""轮回""人才""模仿""那么""什么""无须"等词。另外，编者按现今语法规范，

3

修订了"的""地""得","做""作","那""哪",以及"绝""决""工夫""功夫"的用法。旧时所用异体字则绝大部分改为规范字。

8. 为优化青少年读者的阅读体验,编者根据2012年开始实施的《标点符号用法》,对部分原文标点符号略作改动,以统一体例,如"《大学》、《中庸》"改为"《大学》《中庸》"。

9. 译名皆改为现今通用译名,如"亚里斯多德"改为"亚里士多德","马克斯"改为"马克思"等。

10. 为方便青少年读者了解相关作品,编者在"延展阅读"版块中收录了不同类型的作品,并对以文言为主的作品统一加上了译文,以便于青少年读者阅读。

希望本书有助于青少年读者了解中国文化和领略几位先生在中外文化研究领域的学术风采;同时,更希望本书能够唤起青少年读者对西南联大的兴趣,更多地去了解这所在民族危亡之际仍坚守教育、传播中华优秀传统文化的大学,让中华优秀传统文化代代相传、生生不息。由于编者能力有限,书中难免有疏漏和错讹,欢迎并感谢读者们批评指正。

目录

第一课　思想文化

儒家的根本精神
主讲人　罗　庸 …… 003

道、德
主讲人　冯友兰 …… 009

墨子哲学为功利主义
主讲人　冯友兰 …… 017

法家之学与当时社会政治经济各方面之趋势
主讲人　冯友兰 …… 024

第二课　历史文化

论史实之选择与综合
主讲人　张荫麟 …… 033

无兵的文化（节选）
主讲人　雷海宗 …… 053

中国的家族（节选）
主讲人　雷海宗 …… 078

中国的元首（节选）
主讲人　雷海宗......098

论修明政治的途径
主讲人　张荫麟......113

古代中国的外交
主讲人　雷海宗......119

治人与法治
主讲人　吴　晗......141

说　士
主讲人　吴　晗......152

第三课　中西方文化差异

论中西文化的差异
主讲人　张荫麟......163

敌机轰炸中谈中国文化（节选）
主讲人　蒋梦麟......178

文化思想之冲突与调和
主讲人　汤用彤......210

应对西洋文化持什么态度（节选）
主讲人　冯友兰......222

第一课

思想文化

儒家的根本精神

主讲人 罗 庸

一个民族的文化，必有其根本精神，否则这个民族便无法存在和延续。中国民族，两千多年以来，虽然经过许多文化上的变迁，但大体上是以儒家的精神为主。所以，中国民族的根本精神，便是儒家的根本精神。

儒家的根本精神，只有一个字，那就是"仁"。《说文解字》说："仁，相人偶也。从二人。"这个字在西周和春秋初年，还没人特别提出来当作为学做人的标目。到了孔子，才提出来教弟子。所以《论语》一部书里，弟子问仁的话特别多，孔子许多不同的答话，对仁的义蕴，也发挥得最透彻。仁就是孔子的全人格，两千多年以来，中国民族共同的蕲向，也便是这仁的实践。

《论语》里记孔子论仁的话，最简单扼要的莫如答颜渊的一句："克己复礼为仁。"克己就是克去一己之私，复礼就是恢复天理之公。因为人性本善，人格本全，只为一己的私欲所蔽，陷于偏小而不自知，便有许多恶行出现。有志好学之士，欲求恢复此本有之仁，便须时时刻刻做克己复礼的功夫。及至己私克尽，天理流行，自己的本然，也就

◆仁，相……二人：《说文解字》无此表述，疑罗庸结合旧注作解。

◆义蕴：含蓄的意义。

◆蕲，qí。蕲向：理想；志向。

◆颜渊（前521—前490）：春秋末鲁国人。名回，字子渊。孔子学生。

◆"克己复礼为仁"意为：克制自己，使自己的言行符合礼的规范，这就是仁。

◆ "一日……乎哉!"
意为:只要有一天能做到约束自己而合于礼,天下的人就会称许你是仁人,实行仁德在于自己,哪在于别人呀!

◆ 闲邪存诚:防止邪恶,保持诚敬笃实。

◆ "无终……于是"
意为:一顿饭的片刻时间也不会违背仁德,虽然仓促急迫但一定实行仁德,虽然颠沛流离但一定实行仁德。

◆ 贰过:再犯同一过失。

◆ "学问……已矣"
意为:学问的道理没有别的,就是把丢失的善心找回来罢了。

◆ "枨也……得刚"
意为:申枨这个人欲望太多,怎么能刚强呢?

◆ "刚毅……近仁"
意为:刚强、坚毅、质朴、慎言,这四种品德接近于仁。

◆ "士不……远乎?"
意为:士不可以不宽宏坚毅,因为责任重大,路途遥远,把实现仁道作为自己的责任,这不是很重大吗?一直到死才卸下重任,这不是很遥远吗?

是人心之所同然,自己的全体大用,也就是宇宙的全体大用。则天下不期同而自同,不期合而自合,所以说:"一日克己复礼,天下归仁焉,为仁由己,而由人乎哉!"

但这为仁的功夫,只在日常的视听言动之中,并非在生活之外,别有所事。所以颜渊请问其目,孔子答他:"非礼勿视,非礼勿听,非礼勿言,非礼勿动。"因为"闲邪存诚",是克己的根本功夫;学而时习之,也便是实习此事。到了大段纯熟绵密,便可以"无终食之间违仁,造次必于是,颠沛必于是",达于君子的境界了。颜渊在孔门是最纯粹的,所以孔子称赞他:"好学,不迁怒,不贰过。""其心三月不违仁。""吾见其进,未见其止。"其实颜渊的得力处,只是让一息不懈地做收敛向里的功夫。这才真是"学问之道无他,求其放心而已矣"了。

克己的功夫,第一在寡欲,《孟子》"养心莫善于寡欲"一章,说得最亲切。因为一切的欲,都是由躯壳起念。心为物累,便会沾滞私小,计较打量,患得患失,无所不至,毁坏了自强不息的刚健之德。所以孔子批评申枨,说:"枨也欲,焉得刚?"又说:"刚毅木讷近仁。"盖不为物累,便能洒脱摆落,活泼新鲜,使生命成为天理之流行,与宇宙同其悠久。所以曾子说:"士不可以不弘毅,任重而道远,仁以为己任,不亦重乎?死而后已,不亦远乎?"

能克去外诱之私,便能深根宁极,卓尔有立,所以木有似于仁。孔子称赞颜渊，说："<mark>吾与回言终日，不违如愚；退而省其私，亦足以发，回也不愚。</mark>"盖心不外驰，自然有此气象。孔子和左丘明都是讨厌"巧言令色足恭"的，就因为他"鲜仁"，所以仁者必讷。司马牛问仁，<mark>子曰："仁者其言也。"曰："其言也，斯谓之仁矣乎？"子曰："为之难，言之得无乎？"</mark>因为仁是由力行得来的，所谓先难而后获，所以君子"先行其言，而后从之"，到此才知一切言语，都是浮华了。

克己的最后境界是无我。《论语》说："子绝四：毋意，毋必，毋固，毋我。"意是揣量，必是武断，固是固执，都是意识所行境界中的妄念，因为私欲作主，便尔执持不舍，攀缘转深，把一个活泼无碍的生命，弄得触处成障，而其总根源都由于有我。因为我是因人而有的，人我对立，便是自己浑全之体的割裂，缩小，割裂缩小，便是不仁。所以克己不但要克去外诱之私，而且要克去意念的妄执；不但要克去意念的妄执，而且要克去人我共起的分别见。到了用力之久，而一旦豁然贯通，则大用现前，人我双泯，体用不二，天理流行，这才真是复礼，真是得仁了。

孟子教人在怵惕恻隐之发见处识仁，因为仁以感为体，他是寂然不动、感而遂通的。寂然不动便是静虚，感而遂通便是动直。内外无隔，有感斯应，如水就下，如箭在弦，所以仁者必有勇，仁者必敏。静虚之极至于无我，则死生得失不介于怀。动直之极至于自他不二，则不达于得仁不止。所以

◆ "吾与……不愚"意为：我整天给颜回讲学，他不提出任何疑问，如愚者一般；事后省察其言行，完全能发挥所学内容，颜回他并不愚笨。

◆ 巧言令色足恭：花言巧语，面色伪善，过度恭顺。

◆ "子曰……无乎"：应为"子曰：'仁者，其言也讱。'曰：'其言也讱，斯谓之仁已乎？'子曰：'为之难，言之得无讱乎？'"讱，言语十分慎重。

◆ "无求……成仁"
意为：不会贪生怕死而损害仁，只有牺牲生命而成全仁。

◆ "直是……而已"
意为：正直就是安于平常所处的地位，去做应做的事，在任何情况下都能悠然自得。圣人的从容不迫、合乎中庸之道大概就是这样。然而探究其极致，也只是做到了竭尽心力、遵循本性而已，并不是在人的本分之外有所增加。极其高明之处也不过是遵循中庸之道罢了。

◆ 涵濡：滋润。

君子无求生以害仁，有杀身以成仁，是极从容自然的事。到此境界，只有内省不疚，是唯一大事，此外都无忧惧，心境自然坦荡平愉了。

无忧无惧，便是知命乐天，孔、颜乐处在此。到此境界，岂但富贵不能淫，贫贱不能移，威武不能屈❶；直是素位而行，无人而不自得，圣人之从容中道盖如此。然究其极，亦只是做到了尽心率性，并非于人生本分外有所增加，极高明亦不过道中庸而已。

这便是儒家的根本精神。我民族二千年来涵濡于这精神之中，养成了一种大国民的风度。那便是寡欲知足、自强不息、爱人如己、敏事慎言的美德。我民族所以出生入死，百折不回，屹然立于不败之地，全靠了这一副哲人精神为其自信力。发扬这一种精神，便成为全人类共同的信念，是我民族的责任，应该当仁不让的。

（选自《儒学述要》）

---

❶ 见课后延展阅读：《富贵不能淫》。

延展阅读

富贵不能淫
节选自《孟子·滕文公下》

【原文】

景春曰:"公孙衍、张仪岂不诚大丈夫哉?一怒而诸侯惧,安居而天下熄。"

孟子曰:"是焉得为大丈夫乎?子未学礼乎?丈夫之冠也,父命之;女子之嫁也,母命之,往送之门,戒之曰:'往之女家,必敬必戒,无违夫子!'以顺为正者,妾妇之道也。居天下之广居,立天下之正位,行天下之大道。得志,与民由之;不得志,独行其道。富贵不能淫,贫贱不能移,威武不能屈。此之谓大丈夫。"

【译文】

景春说:"公孙衍、张仪难道不是真正的大丈夫吗?发起怒来,诸侯个个胆战心惊,安居平静下来,天下太平。"

孟子说:"这样哪儿能算得上大丈夫?你没有学过礼吗?大丈夫行加冠礼,父亲要训导他。女子出嫁,母亲要教导她,送到门口,告诫她说:'到了夫家,一定要恭敬谨慎,不要违抗丈夫!'把顺从当作最高原则,这是妻子应该懂得的道理。大丈夫应该住进天下最宽广的住宅,站在天下最正确的位置上,走天下最光明的道路。如果能实现志向则与百姓一块儿实现;不能实现志向则独自坚持原则。富贵无法使其动心,贫贱无法使其变节,威逼无法使其屈服,这才是真正的大丈夫。"

孟子像

道、德

主讲人 冯友兰

古代所谓天，乃主宰之天。孔子因之，墨子提倡之。至孟子则所谓天，有时已为义理之天。所谓义理之天，常含有道德的唯心的意义，特非主持道德律之有人格的上帝耳。《老子》则直谓"天地不仁"，不但取消天之道德的意义，且取消其唯心的意义。古时所谓道，均谓人道，至《老子》乃予道以形上学的意义。以为天地万物之生，必有其所以生之总原理，此总原理名之曰道。故《韩非子·解老》云：

> 道者，万物之所然也，万理之所稽也。理者，成物之文也。道者，万物之所以成也。故曰：道，理之者也。物有理不可以相薄。……万物各异理，而道尽稽万物之理，故不得不化。不得不化，故无常操。（《韩非子》卷六，《四部丛刊》本，页七）

此谓各物皆有其所以生之理，而万物之所以生之总原理，即道也。《老子》云：

> 有物混成，先天地生。寂兮寥兮，独立而不改，周行而不殆，可以为天下母。吾不知其名，字之曰道，强为之名曰大。（二十五章，

◆ "道者……常操"
意为：道，万物之所以这样的原因，世间万理的汇合。理，构成万物的条理。道，万物构成的根据。所以说：道，是能使万物条理化的东西。事物有各自的理，不会互相侵扰……万物各有不同的理，而道完全汇合了万物的理，所以道不能不随着具体事物而变化。由于不得不发生变化，所以就没有一成不变的规则。

◆ "有物……曰大"
意为：有物浑然一体，先于天地生成。无声无形，独立从不改变，循环运行不停止，可以说是天地的本根。我不知道它的名字，给它取字为"道"，勉强取名叫"大"。

《老子》上篇，《武英殿聚珍版丛书》本，页二十四至二十五）

又云：

> 大道泛兮其可左右，万物恃之而生而不辞，功成不名有，衣养万物而不为主。（三十四章，上篇，页三十五）

道之作用，并非有意志的，只是自然如此。故曰：

> 人法地，地法天，天法道，道法自然。

（二十五章，上篇，页二十六）

道即万物所以生之总原理，道之作用，亦即万物之作用。但万物所以能成万物，亦即由于道。故曰：

> 道常无为而无不为。（三十七章，上篇，页三十七）

由此而言，道乃万物所以生之原理，与天地万物之为事物者不同。事物可名曰有；道非事物，只可谓为无。然道能生天地万物，故又可称为有。故道兼有无而言；无言其体，有言其用。故《老子》云：

> 道可道，非常道；名可名，非常名。无，名天地之始；有，名万物之母。常无，欲以观其妙；常有，欲以观其徼。此二者，同出而异名，同谓之玄。玄之又玄，众妙之门。（一章，上篇，页一）

"此二者"，即有无也[1]。有无同出于道，盖

◆ "大道……为主"
意为：大道像江河广泛包容，万物依它而生，它从不推卸责任，功成却不求取美名，护养万物却不充当它们的主人。

◆ "人法……自然"
意为：人取法于地，地取法于天，天取法于道，道本性自然。

◆ "道常……不为"
意为：道经常不作为，却又无所不为。

◆ "道可……之门"
意为：道可知而可行，但不是恒久不变之道；名可以据实而定，但不是恒久不变之名。无名，是万物的原始；有名，是万物的开端。经常保持清静无欲，可以体察其中奥妙；经常保持有欲追求，可以知晓道的功用。这两者，同出一处而名称不同，都十分深远玄妙。玄妙而又玄妙，这是所有奥妙的门径。

---

[1] 见课后延展阅读：《〈老子〉四章》。

即道之两方面也。《老子》又云：

> 道生一，一生二，二生三，三生万物。万物负阴而抱阳，冲气以为和。（四十二章，下篇，页八）

又云：

> 天地万物生于有，有生于无。（四十章，下篇，页六）

《庄子·天下篇》云："建之以常无有，主之以太一。"（《庄子》卷十，页三十五）常无常有，道之两方面也。太一当即"道生一"之一，"天地万物生于有"，"有"或即"太一"乎？二者，天地也。三者，阴气、阳气、和气也。《庄子·田子方篇》曰："至阴肃肃，至阳赫赫。肃肃出乎天，赫赫发乎地（天地二字，疑当互易）。两者交通成和而物生焉。"（《庄子》卷七，页三十三）即此意也（"二者，天地也"以下至此，高亨先生《老子正诂》说）。

谓道即是无。不过此"无"乃对于具体事物之"有"而言，非即是零。道乃天地万物所以生之总原理，岂可谓为等于零之"无"。《老子》曰：

> 道之为物，惟恍惟惚。惚兮恍兮，其中有象。恍兮惚兮，其中有物。窈兮冥兮，其中有精。其精甚真，其中有信。（二十一章，上篇，页二十一）

"恍""惚"言其非具体的事物之有；"有象""有物""有精"，言其非等于零之无。第十四章"无状之状，无物之象"，王弼注云："欲言无耶，而物由以成；欲言有耶，而不见其形"，

◆ "万物……为和"意为：万物包含阴和阳，阴阳之气交相激荡而达成和谐。

◆ "建之……太一"意为：他们的学说建立在"常无"与"常有"的基础之上，主体为道。

◆ 太一：老子之"道"的别名，和"太极"意义相近。

◆ "至阴……生焉"意为：最冷的阴气寒冷，最热的阳气酷热。阴气出自地，阳气发于天。两者互相交融成混沌状态，万物便产生了。

◆ "道之……有信"意为：道的模样模糊不清。虽然迷离恍惚，其中却有形象。尽管缥缈迷离，其中却有实物。幽深昏暗，其中却有精气。这精气清晰可知，真实而又可信。

◆ "欲言……其形"意为：想说它是"无"吧，然而万物却由它而生成；想说它是"有"吧，却又看不见它的形体。

即此意。

　　道为天地万物之所以生之总原理，非具体的事物；故难以指具体的事物，或形容具体的事物之名，指之或形容之。盖凡名皆有限制及决定之力；谓此物为此，则即决定其是此而非彼。而道则"周行而不殆"，在此亦在彼，是此亦是彼也。故曰：

　　　　道常无名。（三十二章，上篇，页三十三）

又曰：

　　　　道隐无名。（四十一章，下篇，页八）

"道尽稽万物之理，故不得不化，故无常操"，本不可以名名之，"字之曰道"，亦强字之而已。

　　道为天地万物所以生之总原理，德为一物所以生之原理，即《韩非子》所谓"万物各异理"之理也。《老子》曰：

　　　　孔德之容，惟道是从。（二十一章，上篇，页二十）

又曰：

　　　　道生之，德畜之，物形之，势成之。是以万物莫不尊道而贵德。道之尊，德之贵，夫莫之命而常自然。（五十一章，下篇，页十六）

《管子·心术上》云："德者道之舍，物得以生，生得以职道之精。故德者，得也，其谓所得以然也。以无为之谓道，舍之之谓德。故道之与德无间，故言之者无别也。"（《管子》卷十三，《四部丛刊》本，页三）"德者道之舍。"舍当是舍寓之意，言德乃道之寓于物者。换言之，德即物之所得于

◆周行而不殆：循环运行永不停。

◆"道尽……常操"
意为：道完全汇合了万物的理，所以道不能不随着具体事物而变化，所以就没有一成不变的规则。

◆"孔德……是从"
意为：大德的形态，遵从于道。

◆"道生……自然"
意为：道化生它，德蓄养它，物赋予它形体，势使它成为自己。所以万物没有不尊崇道而珍视德的。道的尊贵，德的珍贵，在于它的自然。

◆"德者……别也"
意为：德是道的体现，万物依赖它得以生长，心智依赖它以认识道的精髓。所以德也叫得，得就是所要得到的东西已经实现。无为叫作道，体现它就叫作德，所以道与德没有距离，谈论它们往往不加区分。

道，而以成其物者。此解说道与德之关系，其言甚精。《老子》所云"道生之，德畜之"，其意中道与德之关系，似亦如此，特未能以极清楚确定的话说出耳。"物形之，势成之"者，吕吉甫云："及其为物，则特形之而已。……已有形矣，则裸者不得不裸；鳞介羽毛者，不得不鳞介羽毛；以至于幼壮老死，不得不幼壮老死；皆其势之必然也。"（焦竑《老子翼》卷五引，渐西村舍刊本，页二）形之者，即物之具体化也。物固势之所成，即道德之作用，亦是自然的。故曰："道之尊，德之贵，夫莫之命而常自然。"

（选自《三松堂全集》）

延展阅读

《老子》四章
节选自《老子》

第十一章

【原文】

三十辐共一毂，当其无，有车之用。埏埴以为器，当其无,有器之用。凿户牖以为室,当其无,有室之用。故有之以为利,无之以为用。

【译文】

三十根辐条共同支撑着车毂,那车的空间,是车的功用。揉搓黏土制成器具,那器的空间,是器的功用。开门窗、凿窑洞为居室,那居室的空间,是居室的功用。因此,"有"是物体形成的条件,"无"才是物体功用之所在。

第二十四章

【原文】

企者不立,跨者不行,自见者不明,自是者不彰,自伐者无功,自矜者不长。其在道也,曰余食赘行,物或恶之,故有道者不处。

【译文】

踮起脚的人不能久立,跨大步的人走不稳,喜欢处处表现的人往往不明事理,自以为是的人反而被人轻视,大吹大擂的人难有功勋,骄傲自满的人领导不了众人。从"道"的观点看来,他们就像残羹和赘瘤,人人都深感厌烦恶心,所以懂得大道的人不做这种事情。

第三十三章

【原文】

知人者智,自知者明。胜人者有力,自胜者强。知足者富,强行者有志。不失其所者久,死而不亡者寿。

【译文】

善于知人是理智，能够知己是心明。战胜别人叫有力，战胜自己是坚强。知道满足的人富有，勤勉而行的人有意志。不丧失立身之基的人能够长久，死而不朽的人就是长寿。

第六十四章

【原文】

其安易持，其未兆易谋，其脆易泮，其微易散。为之于未有，治之于未乱。合抱之木，生于毫末；九层之台，起于累土；千里之行，始于足下。为者败之，执者失之。是以圣人无为，故无败；无执，故无失。民之从事，常于几成而败之。慎终如始，则无败事。是以圣人欲不欲，不贵难得之货，学不学，复众人之所过，以辅万物之自然而不敢为。

【译文】

事物发展处于稳定的状态则易于掌握，事物发展尚未显示征兆的时候则易于处理，事物发展尚处于脆弱的时候则易于破灭，事物发展尚处于微弱的时候则易于散失。在事情尚未发生时就应该早作准备，在混乱尚未发生时就应该加以治理。合抱的大树，生于细小的萌芽；九层的高台，起于最初的堆土；千里的远行，就从脚下开始。怀着目的去做事，反而失败，怀着目的去把持，反而失去，所以圣人无为于事就不会有失败，无执于事就不会失去。人们做事，常常在快要成功的时候失败了。事情在完成时像开始时一样谨慎，就不会失败了。所以圣人以不欲为欲，不看重稀有之物；以不学为学，挽回众人的过失而复归于根本，辅助万物自然发展而不敢有所作为而已。

老子像

墨子哲学为功利主义

主讲人 冯友兰

尚俭节用，及兼爱❶非攻，虽为其时人原有之主张，但墨子则不但实行之，且予之以理论的根据，使成为一贯的系统。此墨子对于哲学之贡献也。

墨子书中反对儒家之处甚多，盖墨家哲学与儒家哲学之根本观念不同。儒家"正其谊不谋其利；明其道不计其功"。而墨家则专注重"利"，专注重"功"。试就孔子个人及墨子个人之行为考之，"孔席不暇暖，墨突不暇黔"，二人皆栖栖皇皇以救世之弊。然二人对于其自己行为之解释，则绝不相同。子路为孔子解释云：

　　君子之仕也，行其义也；道之不行，已知之矣。（《微子》，《论语》卷九，页十六）

此谓孔子之所以欲干预政治，乃以"应该"如此。至于如此之必无结果，"道之不行"，则"已知之矣"。但墨子对于其自己之行为之意见则不然。《墨子·贵义篇》云：

　　子墨子自鲁即齐，遇故人谓子墨子曰：

---

❶ 见课后延展阅读：《兼爱》。

◆ "正其……其功"
意为：仁者端正他的义却不谋取私利，阐明他的道却不计较自己的功劳。

◆ "孔席……暇黔"
意为：孔子连席子也来不及坐暖，墨子的烟囱都没有熏黑。比喻孔子和墨子热心世事，忙碌地各处奔走。

◆ "子墨……止我？"
意为：墨子从鲁国到齐国，探望老朋友，老朋友对墨子说："现在天下没有人追寻道义，你独自苦苦追寻道义，你不如停止吧。"墨子说："现在有一个人有十个儿子，其中一个耕作而九个闲着，那么耕作的人就不能不更努力。这是为什么呢？因为吃饭的人多而耕作的人少。现在天下没有人追寻道义，那么你应该勉励我，怎么反而阻止我呢？"

"今天下莫为义，子独自苦而为义，子不若已。"子墨子曰："今有人于此，有子十人，一人耕而九人处，则耕者不可以不益急矣。何故？食者众而耕者寡也。今天下莫为义，则子如劝我者也。何故止我？"（《墨子》卷十二，页一）

《公孟篇》云：

公孟子谓子墨子曰："……今子遍从人而说之，何其劳也？"子墨子曰："……且有二生于此，善筮。一行为人筮者，一处而不出者。行为人筮者，与处而不出者，其糈孰多？"公孟子曰："行为人筮者其糈多。"子墨子曰："仁义均，行说人者其功善亦多，何故不行说人也？"（《墨子》卷十二，页八至九）

此谓为义者虽少，然有一二人为之，其"功"犹胜于无人为之。"遍从人而说仁义"，虽不能使尽听，然其结果终胜于"不行说人"。其结果终是天下之利也。孔子乃无所为而为；墨子则有所为而为。

"功""利"乃墨家哲学之根本意思。《墨子·非命上》云：

子墨子言曰："必立仪。言而毋仪，譬犹运钧之上而立朝夕者也；是非利害之辨，不可得而明知也。故言必有三表。"何谓三表？子墨子言曰："有本之者，有原之者，有用之者。于何本之？上本之于古者圣王之事。于何原之？下原察百姓耳目之实。于何用之？发以

◆"子墨……表也"
意为：墨子说："必定要先确立法则。言论没有标准，就像在转动的陶轮上安放测定时间的仪器一样；不可能弄明白是非利害的区别，没有办法明白地知道。所以言论一定要有三条标准。"哪三条标准？墨子说："有考察本源的标准，有审察事故的标准，有实践应用的标准。到哪里去考察本源呢？对上依寻古代圣明君王的事迹。到哪里去审察事故呢？对下考察百姓的耳闻目见。到哪里去实践应用呢？把言论变为刑法政治，观察它是否符合国家人民的利益。这便是所说的言论有三条标准。"

为刑政，观其中国家百姓人民之利。此所谓言有三表也。"（《墨子》卷九，页一至二）

此三表中，最重要者乃其第三。"国家百姓人民之利"，乃墨子估定一切价值之标准。凡事物必有所用，言论必可以行，然后为有价值。《公孟篇》云：

> 子墨子问于儒者曰："何故为乐？"曰："乐以为乐也。"子墨子曰："子未我应也。今我问曰：'何故为室？'曰：'冬避寒焉，夏避暑焉，室以为男女之别也。'则子告我为室之故矣。今我问曰：'何故为乐？'曰：'乐以为乐也。'是犹曰：'何故为室？'曰：'室以为室也。'"（《墨子》卷十二，页十四至十五）

《耕柱篇》云：

> 叶公子高问政于仲尼，曰："善为政者若之何？"仲尼对曰："善为政者，远者近之，而旧者新之。"子墨子闻之曰："叶公子高未得其问也；仲尼亦未得其所以对也。叶公子高岂不知善为政者之远者近之而旧者新之哉？问所以为之若之何也。不以人之所不知告人，以所知告之。故叶公子高未得其问也；仲尼亦未得其所以对也。"（《墨子》卷十一，页二十）

又云：

> 子墨子曰："言足以复行者常之；不足以举行者勿常。不足以举行而常之，是荡口也。"（《墨子》卷十一，页二十一）

◆ "子墨……室也"
意为：墨子问儒者说："为什么要制作音乐？"儒者回答说："用音乐来娱乐。"墨子说："你没有回答我的问题。现在我问：'为什么要建造房子？'你说：'冬天避寒，夏天避暑，也用它来区分男女的住所。'那么你告诉了我建造房子的原因。现在我问：'为什么要制作音乐？'说：'用音乐来娱乐。'就像问'为什么要建造房子'回答说'为了房子而建造房子'一样。"

◆ "子墨……口也"
意为：墨子说："话一出口必然付诸行动的，就常常说；不会付诸行动的，就不要常常说。不付诸行动的却常说，是信口胡言。"

> ◆ "使言……法也"
> 意为：言论要有三种准则。三种准则是什么呢？有考察本源的标准，有审察事故的标准，有实践应用的标准。考察本源的方法，是对上考察天、鬼神的意志和古代圣明君王的事迹。审察事故的方法，是用先王的记录来验证。实践应用的方法是什么？是把言论变为刑法政治。这就是所说的言论的三条准则。

"何为乐？"及"何所为而需乐？"此二问题，自墨子视之，直即是一。儒家说乐以为乐；墨子不承认为乐可为一种用处；盖为乐乃求目前快乐，不能有将来有利的结果也。不可行及不告人以行之之道之言论，不过为一种"理智的操练"，虽可与吾人以目前的快乐，而对于将来，亦为无用，所以亦无有价值也。

【注】《非命中》云："使言有三法。三法者何也？有本之者，有原之者，有用之者。于其本之也，考之天鬼之志，圣王之事。于其原之也，征以先王之书。用之奈何？发以为刑（毕云："据上篇有政字。"）此言之三法也。"（《墨子》卷九，页七）此以天鬼之志加于三表中，亦主张天志者应有之说也。

（选自《三松堂全集》）

延展阅读

兼 爱

节选自《墨子·兼爱上》

【原文】

圣人以治天下为事者也，必知乱之所自起，焉能治之；不知乱之所自起，则不能治。譬之如医之攻人之疾者然，必知疾之所自起，焉能攻之；不知疾之所自起，则弗能攻。治乱者何独不然？必知乱之所自起，焉能治之；不知乱之所自起，则弗能治。

圣人以治天下为事者也，不可不察乱之所自起。当察乱何自起？起不相爱。臣子之不孝君父，所谓乱也。子自爱，不爱父，故亏父而自利；弟自爱，不爱兄，故亏兄而自利；臣自爱，不爱君，故亏君而自利。此所谓乱也。虽父之不慈子，兄之不慈弟，君之不慈臣，此亦天下之所谓乱也。父自爱也，不爱子，故亏子而自利；兄自爱也，不爱弟，故亏弟而自利；君自爱也，不爱臣，故亏臣而自利。是何也？皆起不相爱。虽至天下之为盗贼者，亦然。盗爱其室，不爱异室，故窃异室以利其室；贼爱其身，不爱人，故贼人以利其身。此何也？皆起不相爱。虽至大夫之相乱家、诸侯之相攻国者，亦然。大夫各爱其家，不爱异家，故乱异家以利其家；诸侯各爱其国，不爱异国，故攻异国以利其国。天下之乱物，具此而已矣。

察此何自起？皆起不相爱。若使天下兼相爱，爱人若爱其身，犹有不孝者乎？视父兄与君若其身，恶施不孝？犹有不慈者乎？视弟子与臣若其身，恶施不慈？故不孝不慈亡。犹有盗贼乎？视人之室若其室，谁窃？视人身若其身，谁贼？故盗贼有亡。犹有大夫之相乱家、诸侯之相攻国者乎？视人家若其家，谁乱？视人国若其国，谁攻？故大夫之相乱家、诸侯之相攻国者有亡。若使天下兼相爱，国与国不相攻，家与家不相乱，盗贼无有，君臣父子皆能孝慈，若此则天下治。

故圣人以治天下为事者，恶得不禁恶而劝爱？故天下兼相爱则治，交相恶则乱。故子墨子曰不可以不劝爱人者，此也。

【译文】

圣人把治理天下作为自己的事务，必须知道混乱是由什么引起，才能治理好它；不知道混乱由什么引起，就不能治理好。比如医生治疗患者的疾病，必须知道疾病是由什么引起，才能治好它；不知道疾病是由什么引起的，就不能医治好。治理混乱的人也是一样的，必须知道混乱是由什么引起的，才能治理好；不知道混乱由什么引起，就不能治理好。

圣人把治理天下作为自己的事务，不能不考察混乱是由什么引起的。想想混乱是由什么引起的呢？是由人与人不相爱引起的。臣下不敬重君王和孝顺父亲，这就是所说的混乱。儿子只爱自己而不爱父亲，所以损害父亲的利益而使自己得利；弟弟只爱自己而不爱兄长，所以损害兄长的利益而使自己得利；臣下只爱自己而不爱君王，所以损害君王的利益而使自己得利，这就是所谓的混乱。而父亲对儿子不慈爱，兄长对弟弟不慈爱，君王对臣下不慈爱，这也是天下所说的混乱。父亲只爱自己而不爱儿子，所以损害儿子的利益而使自己得利；兄长只爱自己而不爱弟弟，所以损害弟弟的利益而使自己得利；君王只爱自己而不爱臣下，所以损害臣下的利益而使自己得利。这是为什么呢？都是由人与人不相爱引起的。即使盗贼也是这样。小偷爱他自己的家而不爱别人的家，所以偷窃别人的家来使自己的家得利；强盗爱惜自己而不爱惜别人，所以抢劫别人

第一课 思想文化

来使自己得利。这是为什么呢？都是由人与人不相爱而引起的。至于大夫相互侵扰封地、诸侯相互攻占国家，也是这样。大夫各自爱自己的封地，而不爱别人的封地，所以侵扰别人的封地来使自己的封地得利；诸侯各自爱自己的国家，而不爱别人的国家，所以攻打别人的国家来使自己的国家得利。天下的混乱情形，都在这里了。

想想这是由什么引起的？都是由人和人不相爱引起的。如果天下人都彼此相爱，爱别人就像爱自己，还会有不敬重他人的人吗？看待父亲兄弟和君王就像看待他自己，又怎么会做不敬重他人的事情呢？还会有不慈爱的人吗？看待弟弟和臣下就像看待他自己，又怎么会做不慈爱的事情呢？所以不敬重不慈爱的事情就没有了。这样怎么还会有盗贼呢？所以看待别人的家就像看待自己的家，谁还会去偷窃？看待别人的身体就像自己的身体，谁还会去伤害别人？所以盗贼就没有了。这样一来大夫之间还会相互侵扰、诸侯之间还会相互攻打吗？看待别人的家就像自己的家，谁还会制造混乱？看待别人的国家就像自己的国家，谁还会去攻打它呢？所以大夫相互侵扰、诸侯相互攻打的情形就没有了。如果让天下的人都彼此相爱，国家和国家不相互攻打，封地和封地不相互侵扰，没有盗贼，君臣父子都能敬爱，这样一来天下就能得到太平。

所以圣人把治理天下作为自己的事务，怎么能不禁止人们相互厌恶而劝人相爱呢？所以天下人彼此相爱就会得到太平，相互厌恶就会变得混乱。所以墨子说：不能不劝人彼此相爱，就是这个道理。

主讲人 冯友兰

法家之学与当时社会政治经济各方面之趋势

◆法术:"法"和"术"的合称。韩非认为商鞅重"法",申不害重"术",皆不够完善,因此主张两者兼用。

◆法家:主张法治。代表人物有管仲、李悝、吴起、商鞅、慎到、申不害、韩非、桑弘羊等。

◆人治:以人与人之间的关系和应当遵循的道德准则为立身之本。与"法治"相对。

◆礼治:主张用贵族等级制的社会规范和道德规范维持统治。

◆法治:按照法律规则与程序治理国家的政治主张或治国方式。

◆"不愆……旧章"意为:不违法,不胆大妄为,凡事认真遵循祖制规章。

儒墨及《老》、庄皆有其政治思想。此数家之政治思想,虽不相同,然皆从人民之观点,以论政治。其专从君主或国家之观点,以论政治者,当时称为法术之士(见《韩非子·孤愤篇》),汉人谓之为法家❶。法家之学说,以在齐及三晋为盛。盖齐桓晋文,皆为一代之霸主;齐晋二国政治之革新进步,亦必有相当之成绩。故能就当时现实政治之趋势,理论化之而自成一派之政治思想者,以齐及三晋人为多也。

春秋战国时,贵族政治崩坏之结果,一方面为平民之解放,一方面为君主之集权。当时现实政治之一种趋势,为由贵族政治趋于君主专制政治,由人治、礼治趋于法治。盖在原来封建政治之制度下,所谓一国之幅员,本已甚狭;而一国之内,又复分为若干"家"。一国内之贵族,"不愆不忘,率由旧章",即所谓礼者,以治其国及家之事。至于农奴,则唯服从其主人之命令,供其驱策而已。当时之贵族,极讲究威仪。《左传》襄公三十一

---

❶ 见课后延展阅读:《自相矛盾》。

024

年，卫北宫文子曰：

> 《诗》云："敬慎威仪，维民之则。"……有威而可畏谓之威；有仪可象谓之仪。君有君之威仪，其臣畏而爱之，则而象之，故能有其国家，令闻长世。臣有臣之威仪，其下畏而爱之，故能守其官职，保族宜家。顺是以下皆如是；是以上下能相固也。

（《左传》卷十九，《四部丛刊》本，页十六至十七）

又成公十三年，刘定公曰：

> 吾闻之：民受天地之中以生，所谓命也。是以有动作礼义威仪之则，以定命也。能者养以取福，不能者败以取祸。是故君子勤礼，小人尽力。勤礼莫如致敬，尽力莫如敦笃。敬以养神，笃在守业。（《左传》卷十三，页四）

盖当时所谓国家社会，范围既小，组织又简单。故人与人之关系，无论其为君臣主奴，皆是直接的。故贵族对于贵族，有礼即可维持其应有之关系。贵族对于农奴，只须"有威可畏，有仪可象"，即可为"草上之风"矣。及乎贵族政治渐破坏，一方面一国之君权渐重，故各国旧君，或一二贵族，渐集政权于一国之中央。一方面人民渐独立自由，国家社会之范围既广，组织又日趋复杂，人与人之关系，亦日趋疏远。则以前"以人治人"之方法，行之自有困难。故当时诸国，逐渐颁布法律。如郑子产作刑书（《左传》襄公三十年），晋作刑鼎，"著范宣子所为刑书焉"（《左传》昭公二十九年），皆此等趋势之表现也。郑作刑书，叔向反对

◆ "《诗》云……固也"意为：《诗》说："举止行为要谨慎，人民以此为标准。"……有威严使人敬畏叫作威；有仪表可让人效仿叫作仪。国君有国君的威仪，臣下就会敬畏并拥护他，以他为榜样而效仿他，所以能保有他的国家，美名流芳百世。臣子有臣子的威仪，他的下属就敬畏并拥护他，所以能保住他的官职，保护家族使家庭和睦。依此类推都是如此，所以上上下下能相互巩固。

◆ "吾闻……守业"意为：我听说：百姓得到天地的中和之气而降生，这就是所谓的生命。因此就有了动作、礼义、威仪的准则，用来福佑天命。有能力的人保持这些准则可以得到福分，没有能力的人败坏这些准则就足以取祸。所以君子勤于礼法，小人竭尽力气。勤于礼法莫过于恭敬，竭尽力气莫过于敦厚笃实。心怀恭敬可以养护精神，敦厚笃实则在于坚守自己的本分和事业。

之。子产曰："吾为救世也。"盖子产切见当时之需要矣。晋作刑鼎，孔子批评之，曰：

> 晋其亡乎！失其度矣。夫晋国将守唐叔之所受法度，以经纬其民，卿大夫以序守之。民是以能尊其贵，贵是以能守其业。贵贱不愆，所谓度也。……今弃是度也，而为刑鼎。民在鼎矣，何以尊贵？贵何业之守？贵贱无序，何以为国？（《左传》卷二十六，页十）

◆ "晋其……为国？"
意为：晋国将要灭亡！失掉了自己的法度。晋国应该遵守唐叔所传下来的法度，作为治理百姓的准则，卿大夫按照他们的位次来维护它。人民因此能尊重贵人，贵人因此能守护家业。贵贱不错乱，就是所谓法度。……现在废弃这个法度，而铸造刑鼎。百姓都能知道鼎上的条文，还用得着尊重贵人吗？贵人还有什么家业可以守护？贵贱没有了次序，还怎么治理国家？

叔向、孔子之言，代表当时比较守旧的人之意见。然此等守旧之意见，不能变当时现实政治之趋势。盖此趋势乃社会经济组织改变所生之结果，本非一部分人之意见所能遏止之。

孔子对于政治之意见，在当时虽为守旧的。然在别方面，孔子则为当时之新人物。自孔子开游说讲学之风，于是不治生产而只以游说讲学为事之人日益多。齐之稷下，即"数百千人"，此外，如孟尝、信陵等公子卿相，皆各养"士"数千人。此中所谓"混子"者，当然甚多。盖贵族阶级倒，而士阶级兴，此儒墨提倡尚贤之结果也。由君主或国家观点观之，此等好发议论、不负责任之智识阶级，固已可厌。而一般人民之对于此等不生产而只消费之新贵族阶级，亦必争欲加入。其不能加入者，亦必有嫉恶之心。《老子》曰"不尚贤，使民不争"

◆ "不尚……不争"
意为：不推崇贤才异能，民众就不会去争名逐利。

◆ "临之……以刑"
意为：用权势统治，用大道引导，用命令告诫，用言论开导，用刑法禁止。

（《武英殿聚珍版丛书》本，上篇页三）。荀子对于各家之辩，亦欲"临之以势，道之以道，申之以命，章之以论，禁之以刑"（《正名篇》，《荀子》卷十六，《四部丛刊》本，页九）。此等言论，虽各自有其前提，然亦皆系针对时弊而言也。

《商君书·开塞篇》曰：

> 天地设而民生之。当此之时也，民知其母而不知其父。其道亲亲而爱私。亲亲则别，爱私则险，民众而以别险为务，则民乱。当此时也，民务胜而力征。务胜则争，力征则讼，讼而无正，则莫得其性也。故贤者立中正，设无私，而民说仁。当此时也，亲亲废，上贤立矣。凡仁者以爱为务，而贤者以相出为道。民众而无制，久而相出为道，则有乱。故圣人承之，作为土地货财男女之分，分定而无制，不可，故立禁。禁立而莫之司，不可，故立官。官设而莫之一，不可，故立君。既立君，则上贤废而贵贵立矣。然则上世亲亲而爱私，中世上贤而说仁，下世贵贵而尊官。上贤者，以道相出也；而立君者，使贤无用也。亲亲者，以私为道也；而中正者，使私无行也。此三者，非事相反也，民道弊而所重易也；世事变而行道异也。（《商子》卷二，《四部丛刊》本，页九。其脱误处，依王时润《商君书斠注》校改）

此所说上世、中世、下世，自人类学及社会学之观点观之，虽不必尽当。然若以之说春秋战国时代之历史，则此段历史，正可分为此三时期也。春秋之初期，为贵族政治时期，其时即"上世亲亲而爱私"之时也。及后平民阶级得势，儒墨皆主"尊贤使能""泛爱众而亲仁"，其时即"中世上贤而说仁"之时也。国君或国中之一二贵族，以尚贤之故，得贤能之辅，削异己而定一尊。而"贤者"又复以才智互争雄长，"以相出为道"。"久而相出为道则有乱"，君主恶而又制裁之。战国之末期，即"下世贵贵而尊官"之时也。"立君者，使贤无用也"，此为尚贤之弊之反动，而战国末期之现实政治，即依此趋势进行也。

故尊君权，重法治，禁私学，乃当时现实政治之自然趋势。法家之学，不过将其加以理论化而已。贵族政治破坏，人民在农商方面，皆自由竞争，而富豪起。此亦当时社会经济之自然趋势，法家亦以理论拥护之。

（选自《三松堂全集》）

延展阅读

自相矛盾
节选自《韩非子·难一》

【原文】

楚人有鬻盾与矛者，誉之曰："吾盾之坚，物莫能陷也。"又誉其矛曰："吾矛之利，于物无不陷也。"或曰：

第一课　思想文化

"以子之矛陷子之盾,何如?"其人弗能应也。夫不可陷之盾与无不陷之矛,不可同世而立。

【译文】

楚国有一个卖盾与矛的人,夸耀自己的盾说:"我卖的盾非常坚固,什么样的东西都刺不穿它。"又夸耀自己的矛说:"我卖的矛特别锋利,无论什么样的东西都能被它刺穿。"有人问这个楚国人:"用你的矛刺你的盾,会怎么样呢?"这个楚国人没有办法回答。不能被刺穿的盾与什么东西都能刺穿的矛,不可能同时存在。

第二课
历史文化

论史实之选择与综合

主讲人 张荫麟

一、史实的选择标准

历史研究有两种。在一种的历史研究里，我们可以把研究范围以内的史实，**细大不捐**，应有尽有地收入叙述里；我们自患所知之少，不患所知之多。这种研究也许是范围狭窄，本来所容的史实不多，也许是范围虽广，而见存史料贫乏。在这种研究里，没有史实选择的问题。但在另一种的历史研究里，我们的对象是一个广大的史实的库藏，也许穷个人一生之力亦不能把它的内容完全登记。即使它的内容完全被登记，也没人愿意把这记录一读。即便有人愿意把这记录一读，也苦于目迷五色，茫无头绪。在这种情形之下，史家在叙述里必须把所知道的史实大加省略。他所省略的，也许要比他所采取的多几百千倍。从过去史家的著作看来，这种去取似乎没有什么客观的标准。没有两个史家对于同一历史范围之选择的叙述在题材上会有大致的符合。所谓"**笔则笔，削则削，游夏不能赞一词**"；所谓"成**一家之言**"；至少有一部分是表示这事实。无怪弗劳德（Freude，19世纪英国史家）把历史比

◆细大不捐：小的大的都不抛弃。

◆"笔则……一词"：该记载的就记载下来，该删减的就删减，子游和子夏也不能增删一个字。子游和子夏都是孔子的学生。

◆一家之言：指有独特见解、自成体系的学术论著或论点。

> ◆缀字片：西方语言中用来组成单词的单个字母片块。

> ◆合当：合适，恰当。

> ◆高下：高低；好坏；优劣。

> ◆记事者必提其要：对史书类典籍必定总结掌握其纲要。

于西文的<u>缀字片</u>，可以任随人意，拼成他所喜欢的字了。但我们不能以这样情形为满足。我们无法可以使两个以上史家，对于同一历史范围的选择的叙述去取全同，如自一模铸出，除是他们互相抄袭。但我们似乎应当有一种标准，可以判断两种对象相同而去取不同的历史叙述，孰为<u>合当</u>，孰为<u>高下</u>。这标准是什么呢？

读者对于此也许会想到一个现成的答案。韩愈不早就说过"<u>记事者必提其要</u>"吗？最能提要的历史叙述，最能按照史事的重要程度以为详略的历史叙述，就是选材最合当。"笔削"的标准就在史事的重要性。但这答案只把问题藏在习熟的字眼里，并没有真正解决问题。什么是史事的重要性？这问题殊不见得比前一问题更为浅易。须知一事物的重要性或不重要性，并不是一种绝对的情实，摆在该事物的面上，或蕴在该事物的内中，可以仅就该事物的本身检察或分析而知的。一事物的重要性或不重要性，乃相对于一特定的标准而言。什么是判别重要程度的标准呢？

"重要"这一概念，本来不只应用于史事上，但我们现在只谈史事的重要性，只探究判别史事的重要程度的标准。"重要"一词，无论应用于日常生活上，或史事的比较上，都不是"意义单纯"的，有时作一种意义，有时作别一种意义。因为无论在日常生活上，或史事的比较上，我们判别重要程度的标准都不是唯一无二的。我们有时用这标准，有时用那标准，而标准的转换我们

第二课　历史文化

并不一定自觉。唯其如此，所以"重要"的意义甚为模糊不清。在史事的比较上，我们用以判别重要程度的，可以有六种不同的标准。这六种标准并不是作者新创出来的，乃是过去一切历史家部分地、不加批判地，甚至不自觉地，却从没有严格地、系统地采用的。现在要把它们列举出来，加以考验。

第一种标准可以叫作"新异性的标准"。每一件历史的事情，都在时间和空间里占一特殊的位置。这可以叫作"时空位置的特殊性"❶。此外它容有若干品质，或所具若干品质的程度，为其他任何事情所无。这可以叫作"内容的特殊性"。假如一切历史的事情，只有时空位置的特殊性，而无内容的特殊性，或其内容的特殊性微少到可忽略的程度，那么，社会里根本没有"新闻"，历史只是一种或若干种量状的永远持续或循环，我们从任何历史的"横剖面"可以推知其他任何历史的"横剖面"。一个社会的历史假若是如此，则它只能有孔德所谓"社会静力学"，而不能有他所谓"社会动力学"；那么，它根本不需要有写的历史，它的"社会静力学"就可以代替写的历史。现存许多原始民族的历史虽不是完全如此，也近于如此，所以它们的历史没有多少可记。我们之所以需有写的历史，正因为我们的历史绝不是如此，正因为我们的史事富于"内容的特殊性"，换言之，即富于"新

◆孔德（1798—1857）：法国哲学家。最早提出实证主义学说。1838年创用"社会学"一词，并对社会学作了系统化的尝试，被认为是社会学的创始人。把社会学划分为社会静力学和社会动力学，并以进步和秩序作为两个基本概念。

◆社会静力学：研究社会秩序，即社会结构及其各部分在一短暂时间内的相互关系，着重说明社会内部的和谐状态。

◆社会动力学：研究社会进步，即社会过程和社会变化的各阶段之间的相互关系，着重说明社会历史的发展。

---

❶ 见课后延展阅读：《鸿门宴》。

◆ 接迭而生：连续不断地产生、出现。

◆ 为例甚稀：作为例子非常稀少。

◆ "12世……海了"：12世纪为中国宋代时期，宋代的海船上已用罗盘针辨别方向。罗盘针即航海用的指南针。指南针是中国古代四大发明之一，在战国时已有用天然磁铁矿磨制成的指南针，称为"司南"。最早的记载见于公元前3世纪的《韩非子》，北宋沈括在《梦溪笔谈》中对指南针已有详细记载，欧洲关于磁针的记录则较晚。

◆ 历史智识：人们对历史的认知、理解和智慧。

◆ 深浓的度量：主要强调深度和强度，比如对当时的社会、文化、政治等方面产生深刻的影响，引发深刻变革。

异性"。众史事所具"内容的特殊性"的程度不一，换言之，即所具"新异性"的程度不一。我们判断史事的重要性的标准之一即是史事的"新异性"。按照这标准，史事愈新异，则愈重要。这无疑地是我们有时自觉地或不自觉地所采用的标准之一。关于这标准有五点须注意。第一，有些史事在当时是富于新异性的，但后来甚相类似的事接迭而生，那么，在后来，这类事便减去新异性，但这类事的始例并不因此就减去新异性。第二，一类的事情若为例甚稀，它的后例仍不失其新异性，虽然后例的新异性程度不及始例。第三，新异性乃是相对于一特殊的历史范围而定。同一事情对于一民族或一地域的历史而言，或对于全人类的历史而言，其新异的程度可以不同。例如14世纪欧洲人之应用罗盘针于航海，此事对于人类史而言的新异程度，远不如其对于欧洲而言的新异程度。因为在12世纪中国人早已应用罗盘针于航海了。第四，新异性乃是相对我们的历史智识而言。也许有的史事本来新异的程度很低，但它的先例的存在为我们所不知，因而在我们看来，它的新异程度是很高的。所以我们对于史事之新异性的见解，随着我们的历史智识的进步而改变。第五，历史不是一盘散沙，众史事不是分立无连的；我们不仅要注意单件的史事，并且要注意众史事所构成的全体；我们不仅要注意社会之局部的新异，并且要注意社会之全部的新异；我们不仅要注意新异程度的高下，并且要注意新异范围的大小。新异性不仅有"深浓的度量"，并且有

第二课　历史文化

"广袤的度量"。设如有两项历史的实在，其新异性之"深浓的度量"可相颉颃，而其"广袤的度量"相悬殊，则"广袤的度量"大者，比小者更为重要。

第二种标准可以叫作"决定性的标准"。我们得承认历史里有因果的关系，有甲事决定乙事、丙事、丁事……的事实；姑不论所谓"因果"、所谓"决定"的正确解释如何，按照这标准，史事的决定性愈大，换言之，即其所决定的别些史事所占的时空范围愈大，则愈重要。决定性的大小，也是相对于一特定的历史范围而言，对于某一历史范围是决定性最大的，对于另一更广的历史范围，也许不是决定性最大的。

假如我们的历史兴趣完全是基于对过去的好奇心，那么，"新异性的标准"和"决定性的标准"也就够了。但事实上我们的历史兴趣不仅发自对过去的好奇心，所以我们还有别的标准。

第三种标准可以叫作"实效（Practical Effect）的标准"。这个名词不很妥当，姑暂用之。史事所直接牵涉和间接影响于人群的苦乐者，有大小之不同。按照这标准，史事之直接牵涉和间接影响于人群的苦乐愈大，则愈重要。我们之所以有这标准，因为我们的天性，使得我们不仅关切于现在人群的苦乐，并且关怀于过去人群的苦乐。我们不能设想今后史家会放弃这种标准。

第四种标准可以叫作"文化价值的标准"。所谓文化价值即是真与美的价值。按照这种标准，文

◆广袤的度量：侧重于范围和广度，比如波及广泛的地区、庞大的人群以及多个领域，广泛影响人类社会的发展进程。

◆颉，xié。颃，háng。颉颃：鸟飞上下的样子，引申为不相上下或相抗衡。

◆姑：姑且；暂且。

◆灼见：明白透彻地看到。

◆妄诞：虚妄不实；胡说。

◆轾，zhì。轩轾：车子前高后低叫轩，前低后高叫轾。引申为高低、轻重、优劣。这里是说历史学家没有理由对它们进行区分高下、评判优劣。

◆真妄：真实和虚假。

◆见仁见智：对同一问题各人从不同角度，持不同的看法。

◆训诲功用：教诲功能。

◆鉴戒：引往事为教训。

◆注意：重视；关注。

◆领袖学：研究领袖特质、行为和领导艺术的学科。

化价值愈高的事物愈重要。我们写思想史、文学史或美术史的时候，详于灼见的思想而略于妄诞的思想，详于精粹的作品而略于恶劣的作品（除了用作形式的例示外），至少有大部分理由是依据这标准。假如只用"新异性的标准"，则灼见的思想和妄诞的思想，精粹的作品和恶劣的作品，可以有同等的新异性，也即可以有同等的重要性，而史家无理由为之轩轾。但事实并不如此。文化价值的观念，每随时代而改变，故此这标准也每随时代而改变。有些关于文化价值的比较判断（如有些哲学见解的真妄，有些艺术作品的高下），至今还不能有定论，史家于此可有见仁见智之异。

第五种标准可以叫作"训诲功用的标准"。所谓训诲功用有两种意义：一是完善的模范；二是成败得失的鉴戒。按照这标准，训诲功用愈大的史事愈重要。旧日史家大抵以此标准为主要的标准。近代史家的趋势，是在理论上要把这标准放弃。虽然在事实上未必能彻底做到。依作者的意见，这标准在史学里是要被放弃的。所以要放弃它，不是因为历史不能有训诲的功用，也不是因为历史的训诲功用无注意的价值，而是因为学术分工的需要。例如历史中的战事对于战略与战术的教训，可属于军事学的范围。历史人物之成功与失败的教训，可属于应用社会学中的"领袖学"的范围。

第六种标准可以叫作"现状渊源的标准"。我们的历史兴趣之一，是要了解现状，是要追溯现状的由来。众史事和现状之"发生学的关系"有深浅之不同，至少就我们所知是如此。按照这标准，史事和现状的"发生学的关系"愈深，愈有助于现状的解释，则愈重要。大概地说，愈近的历史和现状的"发生学的关系"愈深，故近今史家每以详近略远为旨。然此事亦未可一概而论。历史的线索有沉而复浮的，历史的潮流有隐而复显的，随着社会当前的使命、问题和困难的改变，远古而久被遗忘的史迹，每复活于人们的心中。

以上的六种标准，除了第五种外，皆是今后做选择的历史叙述的人所当自觉地、严格地、系统地采用的。不过它们的应用，远不若它们的列举的容易。五面俱顾的轻重的比较，已是一样繁难的事。而且这五种尺度都不是有明显的分寸可以机械地辨别的。再者，要轻重的权衡臻于至当，必须熟习整个历史范围的事实。而就有些历史范围而论，这一点会不是个人一生的力量所能做得到的。所以对于有些历史范围，没一种选择的叙述能说最后的话，所以有些选择的历史叙述的工作，永远是一种冒险。

二、史实的综合

以上论通史之去取详略的标准竟。

其次，我们对于任何通史的对象的知识都是一片段一片段地积累起来的。怎样把先后所得的许多片段构成一个秩序，这是通史家所碰到的第二个问题。自然这里所谓秩序，不能是我们随意想出

◆ "众史……不同"："发生学的关系"指历史事件在起源和发展过程中与当前现状形成的联系。这种联系可以是直接的因果关系，也可以是间接的影响和传承关系；"深浅之不同"表明这种关系的紧密程度、重要性以及对现状的影响力度各不相同，有些历史事件可能对现状有着深刻而直接的影响，它们在时间的推移中不断塑造着当前的社会、政治、经济和文化等各个方面，这种关系较为深厚，而有些历史事件与现状的关系可能相对较浅，它们可能在历史的长河中只起到了微弱的推动作用，或者其影响在经过漫长的时间后已经变得不那么明显。

◆ "要轻……至当"：要对事物重要性的衡量与取舍达到最恰当、最合适的程度。

◆ 通史：通贯古今的史书。

◆ 竟：完、尽。表示到此结束。

秩序，而必须是历史里本有的秩序。那么历史里本有些什么秩序呢？

最原始的历史秩序乃是时间的秩序。所谓时间的秩序就是史事发生的先后。采用这秩序就是把史事按发生的先后来排列。最原始之综合的历史记载，都是单纯地采用这秩序的，都是编年排月的，都是所谓"春秋"。自然，以时间秩序为纲领的历史记载，不一定要编年排月。第一，因为有些史实的年月日，已不可考。第二，因为有些史实的年月，我们不感兴趣。第三，有些史实的时间位置是不能以年月日来定的，例如典章制度。这种秩序的要素在时间的先后而不在时间的细密的度数。

时间的秩序可分为两种：一、单纯的；二、复合的。复合的时间秩序又可分为两种。第一是以时间为经而以史事之地域的分布为纬的，这可称为分区的时间秩序。第二是以时间为经而以史事的类别为纬的，这可称为分类的时间秩序。采用单纯的时间秩序的历史叙述，可称为纯粹的编年体，例如《春秋》是也。采用分区的时间秩序的历史著述，可称为分区的编年体，例如《三国纪年》是也。采用分类的时间秩序的历史叙述，可称为分类的编年体，例如《通典》《文献通考》及种种"会要"是也。过去的"正史"大体上可说是纯粹编年体和分类编年体的组合，或纯粹编年体、分区编年体和分类编年体的组合。

现在凡作综合的历史叙述的人，都会轻视这些"编年"的体裁而不屑采用了。但编年的体裁虽

◆春秋：《春秋》为编年史的始祖，后来古代史书通称为春秋。

◆典章制度：通常是在一个较长的时间段内逐渐形成、发展和演变的，其产生和变化往往不是在一个确切的具体日期，而是经过一段时间的积累和调整。

◆细密的度数：这里指时间的精确刻度，如具体的小时、分钟等。

◆《通典》：唐杜佑撰，记历代典章制度沿革，上起传说中的唐虞，下迄唐肃宗、代宗时，以唐代尤详。

◆《文献通考》：宋元之际马端临撰。记载上古到宋宁宗时的典章制度沿革。门类较《通典》分析详细。

◆会要：汇集一代政治、经济等典章要事的史书。创始于唐苏冕所撰九朝（自高祖至德宗）会要，宋、明、清均有纂修，资料虽不出旧史范围，但经分门别类的排比整理，便于查检。

第二课 历史文化

然是最粗浅的，却是比较最客观的，因为原始的秩序的认识是最少问题的。初作综合的历史研究的人，对于历史的本质还没有深刻的认识的人，最聪明的办法还是谨守"编年"的体裁，因为这样，他的结果虽不是 final 却可以是 conclusive，别人还可以利用他的结果作更进一步的综合。否则会"画虎不成"，功夫白费的。即使就艺术的观点论，编年体亦未可厚非。第一流的小说也有用日记体裁写成的。

◆final：最终的。

◆conclusive：结论性的。

但是我们毕竟不能以原始的秩序为满足。因为史实不仅有原始的秩序。只认识它们的时间秩序并不能完全了解它们。要完全了解一件事实就是要知道它和别的事实间的一切关系。这也许是不可能的。但我们对于一件事实和别的事实间的关系所知愈多，则对它的了解愈深。

那么除了上说原始的秩序外，历史还有什么秩序呢？

第一是因果的秩序。每逢我们可以说甲件特殊的事致到乙件特殊的事，或甲件特殊的事决定乙件特殊事时，我们也就可以说甲乙之间有因果的关系。我认为因果的关系是简单不可分析的，因此也是不能下定义的；说甲乙两事有因果的关系，逻辑上并不涵蕴着有一条定律，按照它，我们可以从甲的存在而推定乙的存在，或从乙的存在而推断甲的存在，虽然事实上有时也许如此。史事间之有因果的关系是谁也不能否认的。因果的秩序理论上可以有两种方式。一是简单的，即自始至终、一线相

041

承的。二是复杂的，即是无数的因果线索**参伍综错**而构成的"因果网"。在因果的秩序里，并不是没有偶然的事。就单纯的因果秩序而论，这单纯的因果线索不能是无始的，它的开端就必定是不受决定的，就必定是偶然的。它的开端若受决定，便不是真正的开端，而决定这开端的事才是真正的开端。它若有真正的开端，则必有不受决定的事，即必有偶然的事。就复杂的因果而论，那些始相平行而终纠结的许多因果线索，各有其偶然的开端。有那么多由分而合的因果线索，就有那么多偶然的事。历史里的因果秩序不是简单的，而是复杂的，故历史里可以有许多偶然的事。

任何历史范围不仅包含有"因果网"，并且它的全部的史实都在"因果网"之内。不仅它的全部史实都在"因果网"之内，并且它的全部史实构成一整个的"因果网"。这三句话意义上大有差别。说一历史范围包含有"因果网"，并不否认它的史实可以有些落在"因果网"之外；而说它的全部史实都在"因果网"之内，则否认之。说它的全部史实都在"因果网"之内，并不否认它可以包含有众多各自独立的"因果网"；说它的全部史实构成一整个的"因果网"，则否认之。若"历史范围的全部史实都在因果网之内"，则我们说它的因果秩序是完全的，否则说它的因果秩序是不完全的。若一历史范围的全部史实构成一整个的"因果网"，则我们说它的因果秩序是**一元**的，否则说它的因果秩序是**多元**的。下文凡说某一种秩序是完全的或不完

◆ 参伍综错：应为"参伍错综"，形容交互错杂。

◆ 一元：单一，统一。

◆ 多元：多种，复合。

全的，一元的或多元的，其义准此。

因果的秩序是建筑在单纯的时间秩序之上的，它逻辑上预断（Presupposes）单纯的时间秩序，它可称为历史的第二层秩序。同样可以建筑在单纯的时间秩序之上，逻辑上预断了时间秩序的第二层秩序还有四种：一曰循环的秩序，二曰演化的秩序，三曰矛盾发展的秩序，四曰定向发展的秩序。这四者和因果秩序是并行不悖的。但它们和因果的秩序有这一点重要的不同。因果的秩序是任何历史范围所必具的，并且在任何历史范围里是完全的，并且在任何的历史范围里是一元的。但这四种第二层的秩序则不然。它们中的任何一种不是任何历史范围所必具的；即使为某一历史范围所具，它所具这种秩序也不一定是完全的；即使它所具这种秩序是完全的，也不一定是一元的。

以下分释这四种第二层秩序。

（1）循环的秩序。——说历史里有循环的秩序，就是说，我们可以把历史分为若干段落，这些段落都是有一方面或数方面相类似的历程。譬如说："天下之生久矣，一治一乱。"这就是说历史里有治乱的循环，也就是说我们可以把历史分为若干段落，每一段落都是由治而乱，或由乱而治的历程。这一切段落有一方面相似，即由治而乱，或由乱而治。这种循环，历史里是可以有的。但若说历史里有循环的秩序，就是说我们可以把历史分为若干段落，而这些段落都是完全相似的，这种循环却是历史里所无的。再者历史循环的周期是没有一定

◆预断：预先断定。

◆并行不悖：同时进行，不相抵触。

◆"天下……一乱"意为：天下存在已经很久了，总是在太平盛世与混乱之世中交替循环。

- ◆"五百……者兴"：每隔五百年一定会有圣君兴起。

- ◆"江山……百年"：作者在此处引用有误，应是"江山代有才人出，各领风骚数百年"，出自清代学者赵翼的《论诗五首》（其二）。"管领风骚二百年"源自谭献《箧中词》。

- ◆妄：虚妄；不实。

- ◆鹄，gǔ。的，dì。鹄的：目的；结果。

- ◆景状：情景；状况。

- ◆吾人：我辈；我们。

- ◆剧异：极其不同，差异巨大。

- ◆肇于：起始于，发端于。

的，如像"五百年必有王者兴"，或"江山代有才人出，管领风骚二百年"等类的话，严格说来，必定是妄的。

（2）定向发展的秩序。——所谓定向的发展，是一种变化的历程，其诸阶段互相适应，每一阶段为其后继的阶段的准备，而诸阶段是循一定的方向，趋一定鹄的者。这鹄的不必是预先存想的目标，也许是被趋赴于不知不觉中的；这鹄的也许不是单纯的，而是复杂的。

（3）演化的秩序。——所谓演化，乃是一串连续的变化，其间每次变化所归结的景状或物体中有新异的成分出现，唯这景状或物体仍保存它的前立（谓变化所从起的景状或物体）的主要形构，所以在一演化的历程里，任何变化所从起和所归结的景状或物体，必大体上相类似，吾人总可认出其一为其他的"祖先"。唯一演化历程所从始，与所归结（此始与终皆我们思想所随意界划的）的景状或物体，则可以剧异，我们若不是从历史上追溯，绝不能认识它们间的"祖孙"的关系。

（4）矛盾发展的（Dialectical）秩序。——所谓矛盾的发展是一变化的历程肇于一不稳定的组织体，其内部包含矛盾的各个元素；随着组织体的生长，它们间的矛盾深显，最后内部的冲突把这组织体绽破，它转变成一新的组织体，旧时的矛盾的元素消失而被容纳于新的组织体中。

这四种秩序和因果的秩序是任何通史所当兼顾并容的。

第二课 历史文化

对此我们可以解说历史中所谓偶然的意义。凡带有时间性的秩序（包括因果、循环、演化、定向发展和矛盾发展），都不能无所**托始**，至少就我们知识的限制和叙述的需要而论是如此。它们之所托始，都可以说是偶然的。这是偶然的第一义（一个"因果网"也许包含许多因果的线索，各有所始。它们的所始不同时，而皆可说是偶然的。此所谓偶然，亦属第一义）。一个历史范围里的史事，若在某一种带时间的秩序（前说五种之任何一种）里没有地位，即为这种秩序所不受支配，则这件史事，就这范围而论，对于这种秩序而言，是偶然的。这是偶然的第二义。对于因果的秩序而言，第一义的偶然是没有的，因为没有一历史范围不是完全为因果的秩序所支配的。

无论就第一义或第二义而言，凡本来是偶然的事，谓之本体上的偶然。凡本未必为偶然而因为我们的智识不足觉其为偶然者，谓之认识上的偶然。**历史家的任务之一是要把历史中认识上的偶然尽量减少。**

（选自《张荫麟全集》）

◆托始：依托开始。

◆"历史……减少"：认识上的偶然往往是由于知识不足导致对历史事件的理解出现偏差。历史学家通过深入研究、挖掘更多的史料和证据，可以减少这种因知识局限而产生的偶然判断，从而更准确地还原历史的真实面貌。只有尽量减少认识上的偶然，才能更清晰地展现历史发展的内在逻辑和趋势，使人们对历史的认识更加客观，避免被主观的、错误的偶然认知误导，让后人更好地理解历史事件的因果关系和发展规律，为现实生活和未来决策提供更有价值的参考，为社会的进步和发展提供更坚实的历史依据，更好地传承人类的智慧和经验，让后人了解人类社会的发展历程和成就。

延展阅读

鸿门宴
节选自司马迁《史记·项羽本纪》

【原文】

沛公军霸上,未得与项羽相见。沛公左司马曹无伤使人言于项羽曰:"沛公欲王关中,使子婴为相,珍宝尽有之。"项羽大怒,曰:"旦日飨士卒,为击破沛公军!"当是时,项羽兵四十万,在新丰鸿门;沛公兵十万,在霸上。范增说项羽曰:"沛公居山东时,贪于财货,好美姬。今入关,财物无所取,妇女无所幸,此其志不在小。吾令人望其气,皆为龙虎,成五采,此天子气也。急击勿失!"

楚左尹项伯者,项羽季父也,素善留侯张良。张良是时从沛公,项伯乃夜驰之沛公军,私见张良,具告以事,欲呼张良与俱去,曰:"毋从俱死也。"张良曰:"臣为韩王送沛公,沛公今事有急,亡去不义,不可不语。"良乃入,具告沛公。沛公大惊,曰:"为之奈何?"张良曰:"谁为大王为此计者?"曰:"鲰生说我曰:'距关,毋内诸侯,秦地可尽王也。'故听之。"良曰:"料大王士卒足以当项王乎?"沛公默然,曰:"固不如也。且为之奈何?"张良曰:"请往谓项伯,言沛公不敢背项王也。"沛公曰:"君安与项伯有故?"张良曰:"秦时与臣游,项伯杀人,臣活之。今事有急,故幸来告良。"沛公曰:"孰与君少长?"良曰:"长于臣。"沛公曰:"君为我呼入,吾得兄事之。"张良出,要项伯。项伯即入见沛公。沛公奉卮酒为寿,约为婚姻,曰:"吾入关,秋毫不敢有所近,籍吏民,封府库,而待将军。所以遣将守关者，备他盗之出入与非常也。日夜望将军至，岂敢反乎！愿伯具言臣之不敢倍德也。"项伯许诺，谓沛公曰："旦日不可不蚤自来谢项王。"沛公曰："诺。"于是项伯复夜去，至军中，具以沛公言报项王。因言曰："沛公不先破关中，公岂敢入乎？今人有大功而击之，不义也。不如因善遇之。"项王许诺。

沛公旦日从百余骑来见项王，至鸿门，谢曰："臣与将军戮力而攻秦，将军战河北，臣战河南，然不自意能先入关破秦，得复见将军于此。今者有小人之言，令将军与臣有郤。"项王曰："此沛公左司马曹无伤言之。不然，籍何以至此？"项王即日因留沛公与饮。项王、项伯东向坐；亚父南向坐，——亚父者，范增也；沛公北向坐；张良西向侍。范增数目项王，举所佩玉玦以示之者三，项王默然不应。范增起，出，召项庄，谓曰："君王为人不忍。若入前为寿，寿毕，请以剑舞，因击沛公于坐，杀之。不者，若属皆且为所虏！"庄则入为寿。寿毕，曰："君王与沛公饮，军中无以为乐，请以剑舞。"项王曰："诺。"项庄拔剑起舞。项伯亦拔剑起舞，常以身翼蔽沛公，庄不得击。

于是张良至军门见樊哙。樊哙曰："今日之事何如？"良曰："甚急！今者项庄拔剑舞，其意常在沛公也。"哙曰："此迫矣！臣请入，与之同命。"哙即带剑拥盾入军门。交戟之卫士欲止不内。樊哙侧其盾以撞，卫士仆地。哙遂入，披帷西向立，瞋目视项王，头发上指，目眦尽裂。项王按剑而跽曰："客何为者？"张良曰："沛公之参乘樊哙者也。"项王曰："壮士！赐之卮酒。"则与斗卮酒。哙拜谢，起，立而饮之。项王曰："赐之彘肩。"则与一生彘肩。樊哙覆其盾于地，加彘肩上，拔剑切而啖之。项王曰："壮士！能复饮乎？"樊哙曰："臣死且不避，卮酒安足辞！夫秦王有虎狼之心，杀人如不能举，刑人如恐不胜，天下皆叛之。怀王与诸将约曰：'先破秦入咸阳者王之。'今沛公先破秦入咸阳，毫毛不敢有所近，封闭宫室，还军霸上，以待大王来。故遣将守关者，备他盗出入与非常也。劳苦而功高如此，未有封侯之赏，而听细说，欲诛有功之人，此亡秦之续耳。窃为大王不取也！"项王未有以应，曰："坐。"樊哙从良坐。坐须臾，沛公起如厕，因招樊哙出。

沛公已出，项王使都尉陈平召沛公。沛公曰："今者出，未辞也，为之奈何？"樊哙曰："大行不顾细谨，大礼不辞小让。如今人方为刀俎，我为鱼肉，何辞为？"于是遂去。乃令张良留谢。良问曰："大王来何操？"曰："我持白璧一双，欲献项王，玉斗一双，欲与亚父。会其怒，不敢献。公为我献之。"张良曰："谨诺。"当是时，项王军在鸿门下，沛公军在霸上，相去四十里。沛公则置车骑，脱身独骑，与樊哙、夏侯婴、靳强、纪信等四人持剑盾步走，从郦山下，道芷阳间行。沛公谓张良曰："从此道至吾军，不过二十里耳。度我至军中，公乃入。"

沛公已去，间至军中。张良入谢，曰："沛公不胜杯杓，不能辞。谨使臣良奉白璧一双，再拜献大王足下，玉斗一双，再拜奉大将军足下。"项王曰："沛公安在？"良曰："闻大王有意督过之，脱身独去，已至军矣。"项王则受璧，置之坐上。亚父受玉斗，置之地，拔剑撞而破之，曰："唉！竖子不足与谋！夺项王天下者必沛公也。吾属今为之虏矣！"

沛公至军，立诛杀曹无伤。

第二课　历史文化

【译文】

　　沛公率领军队在霸上驻扎，还没有和项羽见面。沛公的左司马曹无伤派人去对项羽说："沛公打算在关中称王，任用子婴做丞相，并且把那里所有的珍宝都据为己有。"项羽听后极为愤怒，说道："明天犒劳士兵，要给我打败沛公的军队！"在这个时候，项羽的军队有四十万人，驻扎在新丰鸿门；沛公的军队有十万人，驻扎在霸上。范增对项羽进言说："沛公住在崤山以东地区的时候，对钱财货物十分贪恋，喜爱美女。如今进入关中，却不掠取财物，不亲近女色，由此看来他的志向可不小啊。我让人观察他的云气以预测吉凶穷达，都呈现出龙虎的形状，且伴有五彩之色，这是天子的云气呀。要赶紧攻打他，不要错失良机！"

　　楚国的左尹项伯，是项羽的叔父，向来和留侯张良交好。张良当时正跟随沛公，项伯于是在夜里骑马赶到沛公的军营，私下会见张良，把项羽准备攻打沛公的事情详细地告诉了他，想叫张良和他一起离开，说："不要跟着沛公一起送死啊。"张良说："我是韩王派给沛公的人，沛公如今情况危急，我若逃走就太不仗义了，不能不告诉他。"于是张良就进入营帐，把情况告诉了沛公。沛公大为惊恐，说道："这可怎么办才好呢？"张良问："是谁给大王出的这个主意？"沛公说："有个浅陋无知的人劝我说'把守住函谷关，不要让诸侯进来，这样就可以在整个秦地称王了'。所以我听信了他的话。"张良又问："估量一下大王的士兵能够抵挡得住项羽吗？"沛公沉默了一会儿，说："本来就比不上啊。那现在该怎么办呢？"张良说："请让我去见项伯，就说沛公不敢背叛项羽。"沛公问："你怎么会和项伯有交情呢？"张良说："在秦朝的时候，项伯和我有交往，项伯杀了人，是我救了他的命；现在有了危急情况，所以幸亏他来告诉我。"沛公又问："他和你相比，谁的年纪大些？"张良说："他比我年长。"沛公说："你替我把他请进来，我得用对待兄长的礼节待他。"张良出去，邀请项伯。项伯随即进去会见沛公。沛公捧着一杯酒向项伯祝酒，和他约定结为儿女亲家，说："我进入关中以后，极小的财物都不敢侵占，登记了官吏和百姓，封闭了仓库，就等着将军到来。所以派遣官兵去把守函谷关是为了防备其他盗贼进来和意外的变故。我日日夜夜盼望着将军的到来，怎么敢反叛呢！希望你对项王详细地说明，我是不敢忘恩负义的。"项伯答应了，对沛公说："明天你可不能不早点来亲自向将军道歉。"沛公说："好。"于是项伯又在夜里骑马赶回项羽的军营，把沛公的话详细地告诉了项羽，趁机说："沛公不先攻破关中，您怎么敢进来呢？现在人家有大功您却要打人家，这是不仁义的。不如趁机友好地款待他。"项王答应了。

第二天，沛公带着一百多名骑兵来拜见项羽，到了鸿门，道歉说："我和将军合力攻打秦国，将军在黄河以北作战。我在黄河以南作战，然而自己没有料想到能够先入关攻破秦国，能够在这里再看到将军您。现在有小人的流言，使将军和我有了隔阂。"项羽说："这是你左司马曹无伤说的。不是这样的话，我怎么会这样呢？"项羽当天就留沛公同他一起饮酒。项羽、项伯面向东坐，亚父面向南坐。亚父这个人，就是范增。沛公面向北坐。张良面向西陪坐。范增多次使眼色给项羽，举起所佩带的玉玦向项羽示意多次，项羽默默然。范增站起来，出去召来项庄，对项庄说："君王为人太过仁慈，你进去上前祝酒，祝酒完了，请求舞剑助兴，趁机把沛公击倒在座位上，杀掉他。不然的话，你们都将被他俘虏！"于是项庄就进去祝酒。祝酒完了，说："君王和沛公饮酒，军营里没有什么可以

第二课　历史文化

娱乐，请让我用舞剑助兴吧。"项羽说："好。"项庄就拔出剑舞起来。项伯也拔出剑舞了起来，他常常像鸟张开翅膀一样，用身体掩护沛公，使项庄得不到机会刺杀沛公。

于是张良到军营门口找樊哙。樊哙问："今天的事情怎么样？"张良说："非常危急！现在项庄拔剑起舞，他的意图常在沛公身上啊！"樊哙说："这太危急了，请让我进去，跟他同生死。"于是樊哙拿着剑和盾牌冲入军门。持戟交叉着守门的兵士想阻止他进去。樊哙侧着盾牌撞去，兵士跌倒在地上，樊哙就进去了，掀开帷帐朝西站着，瞪着眼睛看着项王，头发直竖起来，眼角都裂开了。项王握着剑挺起身问："客人是干什么的？"张良说："是沛公的参乘樊哙。"项王说："壮士！赏他一杯酒。"左右就递给他一大杯酒，樊哙拜谢后，起身，站着把酒喝了。项王又说："赏他一条猪的前腿。"于是给了他一个生的猪前腿。樊哙把他的盾牌扣在地上，把猪的前腿放在盾上，拔出剑来切着吃。项王说："壮士！还能喝酒吗？"樊哙说："我死都不怕，一杯酒有什么可推辞的？秦王有虎狼一样的心肠，杀人唯恐不能杀尽，惩罚人唯恐不能用尽酷刑，所以天下人都背叛他。怀王曾和诸将约定：'先打败秦军进入咸阳的人封作王。'现在沛公先打败秦军进了咸阳，一点儿东西都不敢动用，封闭了宫室，军队退到霸上，等待大王到来。特意派遣将领把守函谷关的原因是防备其他的盗贼和意外的变故。这样劳苦功高，没有得到封侯的赏赐，大王反而听信小人的谗言，想杀有功的人，这只是灭亡了的秦朝的继续罢了。我以为大王不应该采取这种做法。"项王没有话回答，说："坐。"樊哙挨着张良坐下。坐了一会儿，沛公起身上厕所，趁机把樊哙叫了出来。

沛公出去后，项王派都尉陈平去叫沛公。沛公说："现在出来，还没有告辞，这该怎么办？"樊哙说："做大事不必顾及小节，有大礼节不回避小的责备。现在人家好比是菜刀和砧板，我们好比是鱼和肉，告辞干什么呢？"于是决定离去。沛公让张良留下来道歉。张良问："您来时带了什么东西？"沛公说："我带了一对玉璧，想献给项王；一双玉斗，想送给亚父。正碰上他们发怒，不敢奉献。你替我把它们献上吧。"张良说："好。"这时候，项王的军队驻在鸿门，沛公的军队驻在霸上，相距四十里。沛公留下车辆和随从人马，独自骑马脱身，和樊哙、夏侯婴、靳强、纪信四人拿着剑和盾牌徒步逃跑，从郦山脚下，取道芷阳，抄小路走。沛公对张良说："从这条路到我们军营，不过二十里罢了，估计我回到军营里，你才进去。"

沛公离去后，走小路回到军营里。张良进去道歉，说："沛公不胜酒力，不能当面告辞，派我献上一双白璧送给大王您，一双玉斗送给范增。"项羽说："沛公在哪里？"张良说："听说大王有意要责备他，他就脱身独自离开，已经回到军营了。"项羽接受了玉璧，把它放在座位上。范增接过玉斗，扔到地上，拔出剑来敲碎了它，说："唉！这小子不值得和他一起谋划大事！夺取项王天下的必定是沛公。我们这些人就要被他俘虏了！"

沛公回到军营后，立刻就把曹无伤给杀了。

无兵的文化

（节选）

主讲人 雷海宗

著者前撰《中国的兵》，友人方面都说三国以下所讲的未免太简，似乎有补充的必要。这种批评著者个人也认为恰当。但二千年来的兵本质的确没有变化。若论汉以后兵的史料，正史中大半都有兵志，正续通考中也有系统的叙述，作一篇洋洋大文并非难事。但这样勉强叙述一个空洞的格架去凑篇幅，殊觉无聊。反之，若从侧面研究，推敲二千年来的历史有什么特征，却是一个意味深长的探求。

秦以上为自主、自动的历史，人民能当兵，肯当兵，对国家负责任。秦以下人民不能当兵，不肯当兵，对国家不负责任，因而一切都不能自主，完全受自然环境（如气候、饥荒等等）与人事环境（如人口多少、人才有无，与外族强弱等等）的支配。

秦以上为动的历史，历代有政治社会的演化更革。秦以下为静的历史，只有治乱骚动，没有本质的变化，在固定的环境之下，轮回式的政治史一幕一幕地更迭排演，演来演去总是同一出戏，大致可说是汉史的循环发展。

这样一个完全消极的文化，主要的特征就是没有真正的兵，也就是说没有国民，也就是说没有政

◆《中国的兵》：指雷海宗于1935年10月发表在《社会科学》第一卷第一期的文章。

治生活。为简单起见，我们可以称它为"无兵的文化"。无兵的文化，轮回起伏，有一定的法则，可分几方面讨论。

一、政治制度之凝结

历代的政治制度虽似不同，实际只是名义上的差别。官制不过是汉代的官制，由一朝初盛到一朝衰败期间，官制上所发生的变化也不能脱离汉代变化的公例。每朝盛期都有定制，宰相的权位尤其重要，是发挥皇权的合理工具，甚至可以限制皇帝的行动。但到末世，正制往往名存实亡，正官失权，天子的近臣如宦官、外戚、幸臣、小吏之类弄权专政，宰相反成虚设。专制的皇帝很自然地不愿信任重臣，因为他们是有相当资格的人，时常有自己的主张，不见得完全听命。近臣地位卑贱，任听皇帝吩咐，所以独尊的天子也情愿委命寄权，到最后甚至皇帝也无形中成了他们的傀儡。

例如汉初高帝、惠帝、吕后、文帝、景帝时代的丞相多为功臣，皇帝对他们也不得不敬重。他们的地位巩固，不轻易被撤换。萧何在相位十四年，张苍十五年，陈平十二年，这都是后代少见的例子。萧何、曹参、陈平、灌婴、申屠嘉五个丞相都死在任上，若不然年限或者更长（俱见《汉书》卷十九下《百官公卿表下》）。

丞相在自己权限范围以内的行动，连皇帝也不能过度干涉。例如申屠嘉为相，一日入朝，文帝的

◆幸臣：为君主所宠爱的臣子。

◆重臣：朝廷中居重要职位的大臣。

◆近臣：亲近君主的侍从之臣。

◆萧何（？—前193）：西汉初大臣。秦末佐刘邦起义，战时以丞相身份留守关中支援作战，刘邦称帝后被封为"酂侯"，位次第一。

第二课 历史文化

幸臣邓通在皇帝前恃宠怠慢无礼，丞相大不满意，向皇帝发牢骚："**陛下幸爱群臣，则富贵之。至于朝廷之礼，不可以不肃！**"文帝只得抱歉地答复："**君勿言，吾私之。**"但申屠嘉不肯放松，罢朝之后回相府，正式下檄召邓通，并声明若不即刻报到就必斩首。邓通大恐，跑到皇帝前求援，文帝叫他只管前去，待危急时必设法救应。邓通到相府，免冠赤足，顿首向申屠嘉谢罪，嘉端坐自如，不肯回礼，并声色俱厉地申斥一顿：

> **夫朝廷者，高皇帝之朝廷也。通小臣，戏殿上，大不敬，当斩！史今行斩之！**

"大不敬"在汉律中是严重的罪名，眼看就要斩首。邓通顿首不已，满头出血，申屠嘉仍不肯宽恕。文帝计算丞相的脾气已经发作到满意的程度，于是遣使持节召邓通，并附带向丞相求情："此吾弄臣，君释之！"邓通回去见皇帝，一边哭，一边诉苦："丞相几杀臣！"（《汉书》卷四十二《申屠嘉传》）

这幕活现的趣剧十足地表明汉初丞相的威风，在他们行使职权的时候连皇帝也不能干涉，只得向他们求情，后来这种情形渐渐变化。武帝时的丞相已不是功臣，因为功臣已经死尽。丞相在位长久或死在任上的很少，同时有罪自杀或被戮的也很多。例如李蔡、庄青翟、赵周、公孙贺、刘屈氂都不得善终（《汉书》卷五十八《公孙弘传》，卷六十六《公孙贺传》《刘屈氂传》）。并且武帝对丞相不肯信任，相权无形减少。丞相府原有客馆，是丞相收养人才的馆

◆邓通：汉文帝时得宠幸，官至上大夫。文帝赏赐无数，并赐其蜀郡严道铜山，许其铸钱，邓氏钱遍于天下。后人常用他的名字比喻富有。

◆"陛下……不肃！"意为：陛下宠爱群臣便让他富贵，至于朝廷礼仪，不可以不严肃。

◆"君勿……私之"意为：你不要说了，我私下告诫他。

◆檄：古代官府用以征召、晓谕或声讨的文书。

◆"夫朝……斩之！"意为：这个朝廷，是高祖皇帝所建立的朝廷，邓通一个小臣，嬉戏殿上，是最大的不敬，应当斩首！丞相史去执行斩刑！

◆顿首：头叩地而拜。
◆弄臣：皇帝狎近戏弄之臣。

舍。武帝的丞相权小，不能多荐人，客馆荒凉，无人修理；最后只得废物利用，将客馆改为马厩、车库或奴婢室（《汉书》卷五十八《公孙弘传》）！

武帝似乎故意用平庸的人为相，以便于削夺相权。例如田千秋本是关中高帝庙的卫寝郎，无德无才，只因代卫太子诉冤，武帝感悟，于是就拜千秋为大鸿胪，数月之间拜相封侯。一言而取相位，这是连小说家都不敢轻易创造的奇闻。这件事不幸又传出去，贻笑外国。汉派使臣聘问匈奴，单于似乎明知故问："闻汉新拜丞相。何用得之？"使臣不善辞令，把实话说出，单于讥笑说："苟如是，汉置丞相非用焉也，妄一男子上书即得之矣！"这个使臣忠厚老实，回来把这话又告诉武帝。武帝大怒，认为使臣有辱君命，要把他下狱治罪。后来一想不妥当，恐怕又要贻笑大方，只得宽释不问（《汉书》卷六十六《车千秋传》）。

丞相的权势降低，下行上奏的文件武帝多托给中书谒者令。这是皇帝左右的私人，并且是宦官❶。这种小人"领尚书事"，丞相反倒无事可做。武帝晚年，卫太子因巫蛊之祸自杀，昭帝立为太子，年方八岁，武帝非托孤不可。于是就以外戚霍光为大司马大将军，领尚书事，受遗诏辅政（《汉书》卷六《武帝纪》，卷六十八《霍光传》）。大司马大将军是天下最高的武职，领尚书事就等于"行丞相事"，是天下最高的政权。武帝一生要削减相

◆卫太子（前128—前91）：即戾太子刘据，汉武帝之子。武帝末年因巫蛊之祸被诽谤诬陷，后自杀。

◆聘问：古代指代表本国政府访问友邦。

◆"苟如……之矣！"意为：这样说来，汉朝设置丞相不是为了重用贤才，随便一个男子上书就能得到这个职位。

◆巫蛊之祸：西汉武帝时统治阶级内部的斗争。当时以为用巫术诅咒及用木偶人埋地下，能害人，称为"巫蛊"。武帝晚年多病，疑其左右人用巫蛊害自己。

◆霍光（？—前68）：西汉大臣。霍去病异母弟。出入宫廷二十余年，深得武帝信任。

❶ 见课后延展阅读：《报任安书》。

第二课　历史文化

权,到晚年有意无意间反把相权与军权一并交给外戚。从此西汉的政治永未再上轨道。皇帝要夺外戚的权柄就不得不引用宦官或幸臣,最后仍归失败,汉的天下终被外戚的王莽所篡。至于昭帝以下的丞相,永久无声无息,大半都是老儒生,最多不过是皇帝备顾问的师友,并且往往成为贵戚的傀儡。光武中兴,虽以恢复旧制相标榜,但丞相旧的地位永未恢复,章帝以后的天下又成了外戚、宦官交互把持的局面。

后代官制的变化,与汉代如出一辙。例如唐朝初期三省的制度十分完善。尚书省总理六部行政事宜,尚书令或尚书仆射为正宰相。门下待中可称为副宰相,审查诏敕,并得封驳奏抄诏敕。中书令宣奉诏敕,也可说是副宰相。但高宗以下天子左右的私人渐渐用"同中书门下平章事"的名义夺取三省的正权,这与汉代的"领尚书事"完全相同(《新唐书》卷四十六《百官志一》,卷四十七《百官志二》)。

唐以后寿命较长的朝代也有同样的发展。宋代的制度屡次改革,但总的趋势也与汉、唐一样。南渡以后,时常有临时派遣的御营使或国用使一类的名目,操持宰相的实权。明初有中书省,为宰相职。明太祖生性猜忌,不久就废宰相,以殿阁学士勉强承乏。明朝可说是始终没有宰相,所以宦官才能长期把持政治。明代的演化也与前代相同,只不过健全的宰相当权时代未免太短而已。满清以外族入主中国,制度和办法都与传统的中国不全相同,晚期又与西洋接触,不得不稍微模仿改制。所以清

◆权柄:权力。

◆三省:尚书省、中书省、门下省之合称。始于三国魏。唐初,三省鼎立,共议国政,执行宰相职能。后渐为同平章事所取代,三省分权也发生变化。

◆六部:隋、唐以后,中央行政机构吏、户、礼、兵、刑、工各部总称。

◆待中:应为"侍中"。

◆南渡:指南迁。宋高宗渡长江迁于南方建都,史称南渡。

◆承乏:旧时在任官吏常用的谦辞。谓职位一时无适当人选,暂由己充数。

◆外族入主:"外族入主"的提法,具有历史局限性,现今不再使用,但出于尊重作者,以及保持文本真实性和本来面目的考虑,本书不做改动。后文同此。

057

制与历来的通例不甚相合。

历朝治世与乱世的制度不同，丞相的权位每有转移。其时间常发生一个有趣的现象：就是前代末期的乱制往往被后代承认为正制。例如尚书、中书、门下三省，乃是汉末魏晋南北朝乱世的变态制度；但唐代就正式定它为常制。枢密院本是唐末与五代的反常制度，宋朝也定它为正制。但这一切都不过是名义。我们研究历代的官制，不要被名称所误。两代可用同样的名称，但性质可以完全不同。每代有合乎宪法的正制，有小人用事的乱制。各朝的正制有共同点，乱制也有共同点；名称如何，却是末节。盛唐的三省等于汉初的丞相，与汉末以下演化出来的三省全不相同。以此类推，研究官制史的时候就不致被空洞的官名所迷惑了。

二、中央与地方

宰相权位的变化，二千年间循环反复，总演不出新的花样。变化的原动力是皇帝与皇帝左右的私人，与天下的人民全不相干。这在一个消极的社会是当然的事。

中央与地方的关系，秦、汉以下也有类似的定例。太平时代，中央政府大权在握，正如秦、汉的盛世一样。古代封建制度下的阶级到汉代早已消灭。阶级政治过去后，按理可以有民众政治出现；但实际自古至今在任何地方也没有发生过真正的全民政治，并且在阶级消灭后总是产生个人独裁的

◆枢密院：政府的中枢机构，协助皇帝决策发令。

◆末节：细微的事；小节。

第二课　历史文化

皇帝政治，没有阶级的社会，无论在理论上如何美善，实际上总是一盘散沙。个人、家族以及地方的离心力非常强大，时时刻刻有使天下瓦解的危险。社会中并没有一个健全的向心力，只有专制的皇帝算是勉强沙粒结合的一个不很自然的势力。地方官必须由皇帝委任，向皇帝负责，不然天下就要分裂混乱。并且二千年来的趋势是中央集权的程度日愈加深。例如汉代地方官只有太守是直接由皇帝任命，曹掾以下都由太守随意选用本郡的人。南北朝时，渐起变化。隋就正式规定大小地方官都受命于朝廷，地方官回避乡土的制度无形成立（顾炎武《日知录》卷八《掾属》）。若把这种变化整个认为是由于皇帝或吏部愿意揽权，未免因果倒置。主要的关系恐怕还是因为一般的人公益心日衰，自私心日盛，在本乡做官弊多利少，反不如外乡人还能比较公平客观。所以与其说皇帝愿意绝对集权，不如说他不得不绝对集权。

　　乱世的情形正正相反。帝权失坠，个人、家族与地方由于自然的离心力又恢复了本质的散沙状态。各地豪族、土官、流氓、土匪的无理的专制代替了皇帝一人比较合理的专制。汉末三国时代与安史乱后的唐朝和五代十国都是这种地方官专擅的好例；最多只维持一个一统的名义，往往名义上也为割据。例如唐的藩镇擅自署吏，赋税不解中央，土地私相授受，甚至传与子孙（《新唐书》卷五〇《兵志》，卷二一〇《藩镇列传》）。这并不是例外，以前或以后的乱世也无不如此。在这种割据时代，人民

◆太守：战国时为郡守尊称。汉景帝时为一郡最高行政长官，掌民政、司法、军事、财赋等事务。

◆曹掾：分曹治事的属吏，胥吏。

◆专擅：不请命而擅自行事。

受的痛苦，由民间历来喜欢传诵的"宁作太平犬，勿作乱世民"的话，可以想见。乱世的人无不希望真龙天子出现，因为与地方小朝廷的地狱比较起来，受命王天下的政治真是天堂。

宋以下好似不大见到割据的局面，但这只是意外原因所造出的表面异态，北宋未及内部大乱，中原就被外族征服。南宋也没有得机会形成内部割据，就被蒙古人吞并。这都是外来的势力使中国内部不得割据的例证。元末汉人驱逐外族，天下大乱，临时又割据起来。明末流寇四起，眼看割据的局面就要成立，恰巧满清入关，中国又没有得内部自由捣乱。清末民初割据的局面实际已经成立，只因在外族势力的一方面威胁、一方面维持之下，中国不得不勉强摆出一个统一的面目。所以在北京政府命令不出国门的时候，中国名义上仍是一个大一统的"中华民国"。最近虽略有进步，这种情形仍未完全过去。所以宋以下历史的趋势与从前并无分别；只因外族势力太大，内在的趋势不得自由活动而已。

三、文官与武官

文官、武官的相互消长也与治乱有直接的关系。盛世的文官重于武官，同品的文武二员，文员的地位总是高些。例如汉初中央三公中的丞相高于太尉，地方的郡守高于郡尉，全国的大权一般讲来也都操在文吏的手中（《汉书》卷十九上《百官公卿

◆ 流寇：到处窜扰之寇贼。旧时统治者常用以污蔑流动作战的农民起义军。

◆ 中华民国：简称"民国"。1912年至1949年9月中国国家的名称。1949年中国人民在中国共产党领导下，推翻南京国民政府，建立中华人民共和国。

◆ 消长：增减；盛衰。

第二课　历史文化

表上》)。又如唐初处宰相地位的三省长官全为文吏，军权最高的兵部附属于尚书省，唐制中连一个与汉代太尉相等的武官也没有(《新唐书》卷四十六《百官志一》，卷四十七《百官志二》)。

　　独裁的政治必以武力为最后的基础。盛世是皇帝一人的武力专政，最高的军权操于一手，皇帝的实力超过任何人可能调动的武力。换句话说，皇帝是大军阀，实力雄厚，各地的小军阀不敢不从命。但武力虽是最后的条件，直接治国却非用文官不可；文官若要合法地行政，必须不受皇帝以外任何其他强力的干涉支配；若要不受干涉，必须有大强力的皇帝作后盾。所以治世文胜于武，只是一般地讲；归结到最后，仍是强力操持一切。这个道理很明显，历史上的事实也很清楚，无须多赘。中国历史上最足以点破这个道理的就是宋太祖杯酒解兵权的故事：

　　　　乾德初，帝因晚朝与守信等饮酒。酒酣，帝曰："我非尔曹不及此，然吾为天子殊不若为节度使之乐，吾终夕未尝安枕而卧！"

　　　　守信等顿首曰："今天命已定，谁复敢有异心？陛下何为出此言邪？"

　　　　帝曰："人孰不欲富贵？一旦有以黄袍加汝之身，虽欲不为，其可得乎？"

　　　　守信等谢曰："臣愚不及此，惟陛下哀矜之！"

　　　　帝曰："人生驹过隙尔，不如多积金帛田宅以遗子孙，歌儿舞女以终天年，君臣之间无

◆杯酒解兵权：宋太祖以高官厚禄为条件，解除将领兵权，后以同样手段罢节度使，消除藩镇割据的隐患。

◆"我非……而卧！"意为：我要是没有你们就不能登上皇位，但我身为天子，还不如节度使快乐，我终日不能安然入睡。

◆哀矜：哀悯；怜悯。

所猜嫌，不亦善乎？"

守信谢曰："陛下念及此，所谓生死而肉骨也！"

明日皆称病，乞解兵权。帝从之，皆以散官就第，赏赉甚厚。（《宋史》卷二五〇《石守信传》）

宋初经过唐末五代的长期大乱之后，求治的心甚盛，所以杯酒之间大军阀能将小军阀的势力消灭。此前与此后的开国皇帝没有这样便宜，他们都须用残忍的诛戮手段或在战场上达到他们的目的。

乱世中央的大武力消灭，离心力必然产生许多各地的小武力。中央的军队衰弱，甚至消灭；有力的都是各地军阀的私军。这些军阀往往有法律的地位，如东汉末的州牧都是朝廷的命官，但实际却是独立的军阀（《后汉书》卷一〇四《袁绍传》）。唐代的藩镇也是如此。此时地方的文官仍然存在，但都成为各地军阀的傀儡，正如盛世的文官都为大军阀（皇帝）的工具一样。名义上文官或仍与武官并列，甚或高于武官；但实情则另为一事。例如民国初年各省有省长，有督军，名义上省长高于督军；但省长的傀儡地位在当时是公开的秘密。并且省长常由督军兼任，更见得省长的不值钱了。

乱世军阀的来源，古今也有公例。最初的军阀本多是中央的巡察使，代中央监察地方官，本人并非地方官。汉的刺史、州牧当初是巡阅使，并非行政官（《汉书》卷十九上《百官公卿表上》）。唐代节

◆生死而肉白骨：把死人救活，让白骨重新长出肉来。形容恩重如山。

◆就第：免职回家。

◆赉，lài，赐予，给予。

◆《后汉书》卷一〇四：应为《后汉书》卷七十四。因引用古籍版本与今日通行版本不同，故注明点校本卷次。后文同此。

度使的前身有各种的监察使，也与汉的刺史一样。后来设节度使，兵权虽然提高，对地方官仍是处在巡阅的地位；只因兵权在握，才无形中变成地方官的上司（《新唐书》卷五〇《兵志》，卷二一〇《藩镇列传》）。这种局面一经成立，各地的强豪、土匪以及外族都可趁火打劫而成军阀。如汉末山贼张燕横行河北诸郡，朝廷不能讨，封为平难中郎将，领河北诸山谷事，每年并得举孝廉（《后汉书》卷一〇一《朱俊传》）。唐末天下大乱，沙陀乘机发展，以致引起后日五代时期的沙陀全盛局面（《新唐书》卷二一八《沙陀传》）。这些新军阀都是巡察官的军阀制度成立后方才出现的。

四、朝代交替

"话说天下大势，分久必合，合久必分。"谁都知道这是《三国志演义》的开场白，也可说是二千年来中国历史一针见血的口诀。一治一乱之间，并没有政治社会上真正的变化，只有易姓王天下的角色更换。我们在以上各节所讲的都是治世与乱世政治社会上各种不同的形态，但没有提到为何会有这种循环不已的单调戏剧。朝代交替的原因或者很复杂，但主要的大概不外三种，就是皇族的颓废、人口的增长与外族的迁徙。

第一种是个人的因素，恐怕不很重要；但因传统的史籍上多偏重这一点，我们不妨略为谈及。皇族的颓废化是一个自然的趋势，有两方面：一是生

◆张燕：本姓褚，黑山军首领张牛角死后被推为首领，改姓张，以矫捷著称，因而得名"飞燕"。

◆沙陀：古部落名，西突厥别部。宪宗时，该部酋长朱邪赤心因功被赐姓名李国昌，其子李克用后因功封为河东节度使，从此割据一方，争夺中原，后封晋王。李克用之子李存勖于后梁龙德三年（923年）称帝，即后唐庄宗，为五代唐的建立者，国号"唐"，史称"后唐。"

◆《三国志演义》：即《三国演义》，全称《三国志通俗演义》。元末明初罗贯中根据陈寿《三国志》和裴松之注，以及后世有关三国的传说和文学作品，加工再创作而成的长篇小说。

◆易姓：古代帝王把国家看作一人一姓的私产，故更换朝代叫作"易姓"。

物学的或血统的，一是社会学的或习惯的。任何世袭的阶级，无论人数多少，早晚总要遇到一个无从飞渡的难关，就是血统上的退化。从古至今没有一个贵族阶级能维持长久，原因虽或复杂，但血统的日趋退化必是一个很重要的原因。法国革命前的贵族都是新贵，中古的贵族都已死净或堕落。今日英国的贵族能上溯到法国革命时代的已算是老资格的了。至于贵族中的贵族（王族或皇族）因受制度的维护，往往不至短期间就死净或丧失地位，但血统上各种不健全的现象却无从避免。百年战争时代（14与15世纪间）的法国王族血统中已有了深重的神经病苗。今日欧洲各国的王族几乎没有一个健全的；只因实权大多不操在王手，所以身体上与神经上的各种缺陷无关紧要。但中国自秦、汉以下是皇帝专制的局面，皇帝个人的健全与否对于天下大局有很密切的关系。低能或愚昧的皇帝不只自己可走错步，他更容易受人包围利用。中国历代乱时几乎都有这种现象。至于血统退化的原因，那是生物学与优生学的问题，本文无须离题多赘。

皇族的退化不只限于血统，在社会方面皇帝与实际的人生日愈隔离，也是一个大的弱点。创业的皇帝无论是否**布衣**出身，但总都是老经世故、明了社会情况的领袖，所以不至受人愚弄。后代的皇帝生长在深宫之中，从生到死往往没有见过一个平民的面孔，对人民的生活全不了解。例如晋惠帝当天下荒乱、百姓饿死的时候，曾说："何不食肉糜？"（《晋书》卷四《惠帝纪》）法国革命时巴黎饿

◆ 布衣：麻布制的衣服。借指平民。

◆ 晋惠帝（259—307）：即西晋皇帝司马衷。武帝次子，性愚痴。

◆ 何不食肉糜：为什么不吃肉。

◆ 法国革命：1789年至1794年法国推翻君主专制统治、确立资本主义制度的革命。

民发生面包恐慌，路易第十六世的美丽王后也曾问过："他们为何不吃糕饼？"这样的一个皇帝，即或身心健全，动机纯粹，也难以合理地治理国家，必不免为人包围利用；若再加上血统的腐化，就更不必说了。

  皇族的退化只是天下大乱的一个次要原因。由中国内部的情形来讲，人口的增长与生活的困难恐怕是主要的原因。由外部的情形来讲，气候的变化与游牧民族的内侵是中国朝代更换的主要原因。大地上的气候似乎是潮湿期与干燥期轮流当位。潮湿期农产比较丰裕，生活易于维持，世界上各民族间不致有惊人的变动。干燥期间土著地带因出产减少，民生日困。并且经过相当长的潮湿期与太平世之后，人口往往已达到饱和状态，农收丰裕已难维生，气候若再忽然干燥，各地就立刻要大闹饥荒。所以内在的因素已使土著地带趋向混乱。同时沙漠或半沙漠地带的游牧民族因气候骤变，生活更难维持；牛羊大批地饿死，寄生的人类也就随着成了饿殍。游牧民族在平时已很羡嫉土著地带的优裕生活，到了非常时期当然要大批地冲入他们心目中的乐国。古今来中国的一部或全部被西北或东北的外族征服，几乎都在大地气候的干燥时期。这绝不是偶然的事（关于气候变化与游牧民族迁徙的问题，可参考Ellsworth Huntington教授的各种著作，最重要的是 *Civilization and Climate*；*The Pulse of Asiu*；*Character of Races*）。

（选自《雷海宗文集》）

◆ 路易第十六世（1754—1793）：法国国王，1774年至1792年在位。

◆ 土著：古代游牧民族定居某地后，不再迁徙的称为"土著"。

◆ 殍，piǎo。饿殍：饿死的人。

◆ Asiu：应为"Asia"。

延展阅读

报任安书

节选自《汉书·司马迁传》

【原文】

太史公牛马走司马迁再拜言。

少卿足下：曩者辱赐书，教以慎于接物，推贤进士为务。意气勤勤恳恳，若望仆不相师，而用流俗人之言。仆非敢如此也。仆虽罢驽，亦尝侧闻长者遗风矣。顾自以为身残处秽，动而见尤，欲益反损，是以独郁悒而无谁语。谚曰："谁为为之？孰令听之？"盖钟子期死，伯牙终身不复鼓琴。何则？士为知己者用，女为悦己者容。若仆大质已亏缺矣，虽才怀随和，行若由夷，终不可以为荣，适足以发笑而自点耳。

书辞宜答，会东从上来，又迫贱事，相见日浅，卒卒无须臾之间，得竭指意。今少卿抱不测之罪，涉旬月，迫季冬，仆又薄从上雍，恐卒然不可为讳，是仆终已不得舒愤懑以晓左右，则长逝者魂魄私恨无穷。请略陈固陋。阙然久不报，幸勿为过。

仆闻之：修身者，智之符也；爱施者，仁之端也；取予者，义之表也；耻辱者，勇之决也；立名者，行之极也。士有此五者，然后可以托于世，列于君子之林矣。故祸莫憯于欲利，悲莫痛于伤心，行莫丑于辱先，诟莫大于宫刑。刑余之人，无所比数，非一世也，所从来远矣。昔卫灵公与雍渠同载，孔子适陈；商鞅因景监见，赵良寒心；同子参乘，袁丝变色：自古而耻之！夫中材之人，事有关于宦竖，莫不伤气，而况于慷慨之士乎！如今朝廷虽乏人，奈何令刀锯之余，荐天下之豪俊哉！仆赖先人绪业，得待罪辇毂下，二十余年矣。所以自惟：上之，不能纳忠效信，有奇策材力之誉，自结明主；次之，又不能拾遗补阙，招贤进能，显岩穴之士；外之，不能备行伍，攻城野战，有斩将搴旗之功；下之，不能积日累劳，取尊官厚禄，以为宗族交游光宠。四者无一遂，苟合取容，无所短长之效，可见于此矣。乡者，仆亦尝厕下大夫之列，陪外廷末议。不以此时引维纲，尽思虑，今已亏形为扫除之隶，在闒茸之中，乃欲仰首伸眉，论列是非，不亦轻朝廷、羞当世之士邪？嗟乎！嗟乎！如仆尚何言哉！尚何言哉！

且事本末未易明也。仆少负不羁之才，长无乡曲之誉，主上幸以先人之故，使得奉薄伎，出入周卫之中。仆以为戴盆何以望天，故绝宾客之知，忘室家之业，日夜思竭其不肖之材力，务一心营职，以求亲媚于主上。而事乃有大谬不然者！

夫仆与李陵俱居门下，素非能相善也。趣舍异路，未尝衔杯酒，接殷勤之余欢。然仆观其为人，自守奇士，事亲孝，与士信，临财廉，取予义，分别有让，恭俭下人，常思奋不顾身，以徇国家之急。其素所蓄积也，仆以为有国士之风。夫人臣出万死不顾一生之计，赴公家之难，斯已奇矣。今举事一不当，而全躯保妻子之臣随而媒孽其短，仆诚私心痛之。且李陵提步卒不满五千，深践戎马之地，足历王庭，垂饵虎口，横挑强胡，仰亿万之师，与单于连战十有余日，所杀过当。虏救死扶伤不给，旃裘之君长咸震怖，乃悉征其左、右贤王，举引弓之民，一国共攻而围之。转斗千里，矢尽道穷，救兵不至，士卒死伤如积。然陵一呼劳军，士无不起，躬自流涕，沬血饮泣，更张空弮，冒白刃，北首争死敌者。陵未没时，使有来报，汉公卿王侯皆奉觞上寿。后数日，陵败书闻，主上为之食不甘味，听朝不怡。大臣忧惧，不知所出。仆窃不自料其卑贱，见主上惨凄怛悼，诚欲效其款款之愚，以为李陵素与士大夫绝甘分少，能得人之死力，虽古之名将，不能过也。身虽陷败，彼观其意，且欲得其当而报于汉。事已无可奈何，其所摧败，功亦足以暴于天下矣。仆怀欲陈之，而未有路，适会召问，即以此指，推言陵之功，欲以广主上之意，塞睚眦之辞。未能尽明，明主不晓，以为仆沮贰师，而为李陵游说，遂下于理。拳拳之忠，终不能自列。因为诬上，卒从吏议。家贫，货赂不足以自赎，交游莫救，左右亲近不为一言。身非木石，独与法吏为伍，深幽囹圄之中，谁可告愬者！此真少卿所亲见，仆行事岂不然乎？李陵既生降，隤其家声，而仆又佴之蚕室，重为天下观笑。悲夫！悲夫！事未易一二为俗人言也。

仆之先人非有剖符丹书之功，文史星历，近乎卜祝之间，固主上所戏弄，倡优所畜，流俗之所轻也。假令仆伏法受诛，若九牛亡一毛，与蝼蚁何以异？而世又不与能死节者比，特以为智穷罪极，不能自免，卒就死耳。何也？素所自树立使然也。人固有一死，或重于泰山，或轻于鸿毛，用之所趋异也。太上不辱先，其次不辱身，其次不辱理色，其次不辱辞令，其次诎体受辱，其次易服受辱，其次关木索、被箠楚受辱，其次剔毛发、婴金铁受辱，其次毁肌肤、断肢体受辱，最下腐刑极矣！传曰"刑不上大夫。"此言士节不可不勉励也。猛虎在深山，百兽震恐，及在槛阱之中，摇尾而求食，积威约之渐也。故士有画地为牢，势不入；削木为吏，议不对，定计于鲜也。今交手足，受木索，暴肌肤，受榜箠，幽于圜墙之中。当此之时，见狱吏则头抢地，视徒隶则心惕息，何者？积威约之势也。及以至是，言不辱者，所谓强颜耳，曷足贵乎！且西伯，伯也，拘于羑里；李斯，相也，具五刑；淮阴，王也，受械于陈；彭越、张敖，南面称孤，系狱抵罪；绛侯诛诸吕，权倾五伯，囚于请室；魏其，大将也，衣赭衣，关三木；季布为朱家钳奴；灌夫受辱于居室。此人皆身至王侯将相，声闻邻国，及罪至罔加，不能引决自裁，在尘埃之中。古今一体，安在其不辱也？由此言之，勇怯，势也；强弱，形也。审矣，何足怪乎？夫人不能早自裁绳墨之外，以稍陵迟，至于鞭箠之间，乃欲引节，斯不亦远乎！古人所以重施刑于大夫者，殆为此也。

夫人情莫不贪生恶死，念父母，顾妻子，至激于义理者不然，乃有所不得已也。今仆不幸，早失父母，无兄弟之亲，独身孤立，少卿视仆于妻子何如哉？且勇者不必死节，怯夫慕义，何处不勉焉？仆虽怯懦，欲苟活，亦颇识去就之分矣，何至自沉溺缧绁之辱哉！且夫臧获婢妾，犹能引决，况仆之不得已乎！所以隐忍苟活，幽于粪土之中而不辞者，恨私心有所不尽，鄙陋没世，而文采不表于后也。

古者富贵而名摩灭，不可胜记，唯倜傥非常之人称焉。盖文王拘而演《周易》；仲尼厄而作《春秋》；屈原放逐，乃赋《离骚》；左丘失明，厥有《国语》；孙子膑脚，《兵法》修列；不韦迁蜀，世传《吕览》；韩非囚秦，《说难》《孤愤》；《诗》三百篇，大底圣贤发愤之所为作也。此人皆意有所郁结，不得通其道，故述往事，思来者。乃如左丘无目，孙子断足，终不可用，退而论书策，以舒其愤，思垂空文以自见。

仆窃不逊，近自托于无能之辞，网罗天下放失旧闻，略考其行事，综其终始，稽其成败兴坏之纪，上计轩辕，下至于兹，为十表，本纪十二，书八章，世家三十，列传七十，凡百三十篇。亦欲以究天人之际，通古今之变，成一家之言。草创未就，会遭此祸，惜其不成，是以就极刑而无愠色。仆诚以著此书，藏之名山，传之其人，通邑大都，则仆偿前辱之责，虽万被戮,岂有悔哉?然此可为智者道,难为俗人言也!

且负下未易居,下流多谤议。仆以口语遇遭此祸,重为乡党所笑,以污辱先人,亦何面目复上父母之丘墓乎?虽累百世,垢弥甚耳!是以肠一日而九回,居则忽忽若有所亡,出则不知其所往。每念斯耻,汗未尝不发背沾衣也。身直为闺阁之臣,宁得自引深藏于岩穴邪?故且从俗浮沉,与时俯仰,以通其狂惑。今少卿乃教以推贤进士,无乃与仆私心刺谬乎?今虽欲自雕琢,曼辞以自饰,无益,于俗不信,适足取辱耳。要之死日,然后是非乃定。书不能悉意,故略陈固陋。

谨再拜。

【译文】

像牛马一样的司马迁再拜,少卿足下:

先时承蒙您写信给我,教我谨慎待人接物,以推举贤能、引荐人才为己任,情意恳切,好像怨我没有遵从您的意见,而是追随了世俗之人的意见。我是不敢这样做。我虽然能力平庸,但也听说过德高才俊的前辈遗留下来的风尚。只是我觉得自己身体已遭摧残,又处于污浊的环境之中,每有行动都会受到指责,想做有益的事,反而使自己遭到残害,因此我独自忧闷而不能向人诉说。俗话说:"为谁做,谁来听?"钟子期死后,伯牙便终身不再弹琴。这是为什么呢?贤士乐于为了解自己的人所用,女子为喜爱自己的人而打扮。像我这样身躯亏残的人,即便才能如隋侯珠、和氏璧那样稀有,品行如许由、伯夷那样高尚,终究不能以此为荣,只是会被人耻笑而自取侮辱。

本应及时回信,但碰巧我随皇上东巡归来,而后又为烦琐之事所迫,能见面的日子很少,没有片刻得闲能详尽地表达心

第二课 历史文化

意。现在您蒙受意想不到的罪祸,再过不久,到十二月,我随皇上去雍县的日期也快到了,担心突然之间您有不幸之事,我终生不能向您抒发我的愤懑,那逝去的灵魂将留下无穷的遗憾,请让我简单陈述我浅陋的意见。隔了这么久没有复信给您,希望您不要责怪。

我听说加强自身修养是智慧的象征;乐于施舍是仁德的开始;取舍得当是道义的表现;对耻辱的态度是判断是否勇敢的标准;建立好的名声是德行的最高准则。志士有这五种品德,便可以立足于社会,居于君子的行列中。所以,没有什么灾祸比贪图私利更惨痛,没有什么悲哀比心灵受创伤更可悲,没有什么行为比使先人受辱更不光彩,没有什么耻辱比遭受宫刑更严重。受过宫刑而存活的人,社会地位是不值一提的,也不是只当今之世如此,很久以前就这样了。从前卫灵公与宦官雍渠同坐一车,孔子感到被侮辱,便离开卫国到陈国去;商鞅通过宦官景监而得以谒见秦孝公,贤士赵良忧其名声不好;太监赵同陪坐在汉文帝的车上,袁丝为之脸色大变,自古以来,人们都以此为耻辱。对一般人来说,一旦事情关系到宦官,没有不感到丧气的,更何况气节高尚的人呢?如今朝廷虽然缺乏人才,但怎会让一个受过刀锯摧残之刑的人来推荐天下豪杰俊才呢?

我仰赖先父遗留下来的功业,才能在皇上身边任职,已二十多年。我常想:上不能对君王进纳忠言,而有出谋划策的称誉,得到皇上的信任;其次,又不能给皇上补正阙失,招纳贤才,使隐居的贤士不被埋没;对外,又不能于军队之中,参加攻城野战,建立斩将夺旗之功;就从最次要的方面看,也不能积累功劳,谋得高官厚禄,为宗族和朋友争光。这四点,没有哪一点能做出成绩,我只能迎合皇上的心意,保全自己的地位，我是个没用的人，从以上四点就可以看出来。以前，我也在下大夫的行列，跟着外朝官员发表一些微不足道的议论。我没有利用这个机会弘扬国家的法度，竭尽自己的思虑；现在成为身体残废、打扫污秽的奴隶，处在地位卑贱者行列中，还想昂首扬眉，评论是非，不也是轻视朝廷、使当世的君子们感到羞耻吗？唉！唉！像我这样的人，还说什么呢！

而且，事情的原委一般人是不容易弄清楚的。我年少时不受约束，长大后没有得到家乡的赞誉，好在皇上因为我父亲，给我机会，使我能够奉献微薄的才能，出入宫廷。我认为事难两全，头上戴着盆子就不能望天，于是断绝了宾客往来，不顾家中事务，日夜都在想着奉献自己那微不足道的才干和能力，专心供职，以求得皇上的信任和宠幸。但事与愿违。

我和李陵都在朝为官，平时没有什么交往，追求和目标也不相同，从来没有一起喝酒交流过。但我观察李陵的为人，确是个奇人：侍奉父母有孝道，和朋友交往守信用，遇到钱财懂廉洁，或取或予都遵守礼义，能区分长幼尊卑，恭敬又对人谦让，总是想奋不顾身应对国家急难。他一直积铸的品德，我认为是国士的风度。

做人臣的，为了国家危难愿意舍弃自己的生命，这是很少见的了。如今就因为他行一事不当，那些只顾保全自己性命和妻室儿女利益的臣子们，就随着挑拨，借机构陷，我真的心里感到沉痛。而且李陵带领的兵卒不足五千，深入敌方军事要地，到了单于的地盘，就好像在老虎嘴边垂挂诱饵，向强大的胡人挑战，面对亿万敌兵，和单于接连奋战十多天，杀死的敌人超过了自己军队的人数。使敌人连救死扶伤都顾不上，匈奴首领都震惊万分，于是征调左、右贤王，出动所有善于骑射之人，举国上下共同攻打围击李陵。李陵转战千里，已经没有

第二课　历史文化

箭，进退之路断绝，援兵不到，士兵死伤成堆。但只要李陵振臂一呼，鼓舞士气之时，兵士没有不奋起再战的，流着眼泪，满脸是血，强忍悲泣，拉开空的弓弦，冒着白光闪闪的刀锋，向北拼死杀敌。

　　李陵的军队还没有覆没之时，曾有使者给朝廷送来捷报，公卿王侯都为皇上敬酒祝颂。几天之后李陵兵败之信传来，皇上为此进食不香，处理朝政也不高兴。大臣们忧虑害怕，不知如何是好。我私下里没有考虑自己身份卑贱，见皇上悲痛，很想尽一点心。我认为李陵一直与将士们同甘共苦，换来大家拼死效命，即使是古代名将恐怕也做不到。他虽然兵败投降，但看他的意思，其实是想寻找机会再报效汉朝。事情已然无可奈何，但他摧垮、打败敌军的功劳，也向天下人展现了他的本心。我本来打算向皇上陈述以上我的看法，但一直没有合适的时机。恰逢皇上召见，询问我对此事的看法，我就综合这些意见论述了李陵的功劳，想以此宽慰皇上的心，堵住那些攻击、诬陷李陵的言论。我没有完全表达出我的意思，皇上没有深入了解我的想法，认为我是攻击贰师将军，而为李陵辩解，于是把我交给狱官处罚。我一片虔诚的心意，始终没有机会陈述和辩白，被定了诬上的罪名，皇上也同意了法吏的判决。我家境贫寒，没有钱财拿来赎罪，也没有朋友能出面营救，皇上亲近的大臣也不肯替我说一句话。我不是木头和石块，孤独地与执法官吏在一起，被关闭在牢狱之中，我向谁去诉说内心的痛苦呢？这些，都是少卿亲眼所见，我的所作所为难道不就是这样吗？李陵投降，败坏了家族的名声，而我被置于蚕室，更被天下人耻笑。可悲啊！可悲啊！这些事情是不容易向世俗之人一一解释的。

　　我的祖先没有剖符丹书的功劳，是职掌文献史料、天文历法的官员，地位近似算卦、祭祀的人，本就是皇上消遣并当作倡优来对待的人，被世俗轻视。如果我伏法被杀，就好比是九牛身上丢了一根毛，和蝼蚁有什么区别？世人不会拿我的死与殉节的人相比，只会认为我无才无德、罪大恶极，不能免于死刑，而最终走向死路罢了。为什么会这样呢？因为一直以来我所从事的职业以及所跻身的地位，会使人们这样看待我。人本来就有一死，但有的人死得比泰山还重，有的人死得却比鸿毛还轻，这是因为他们赴死的目的不同。人最主要的是不让祖先受辱，其次是不能让身体受辱，其次是不能因自己的脸色不合礼仪而受辱，其次是不能因为自己的言语不当而受辱，其次是使躯体跪、绑而受辱，其次是穿上囚服而受辱，其次是戴上木枷、遭受杖刑而受辱，其次是被剃光头发、脖子戴枷锁而受辱，其次是肌肤被毁、肢体被截断而受辱，最下等的就是宫刑了，受辱到了极点。古书上说"刑不上大夫"，这句话的意思是说对于士大夫的气节不可不劝勉鼓励。猛虎处于深山之中时，百兽都震恐；等到它落入陷阱和栅栏之中时，就只能摇尾乞食，这是人不断地使用威力和约束而逐渐使它驯服。所以士人见画地为牢决不进入，面对为彰显刑威而制的木雕假狱吏也决不接受审判，把思虑计谋定在自我了断上面。如今我手脚捆在一起，被木枷绳索捆绑，皮肤暴露在外，受棍打鞭答，关在牢狱之中。在这种时候，看见狱吏就叩头触地，看见牢卒就恐惧喘息。这是为什么呢？这是经过长时间的威逼约束所形成的。事情到了这种地步，再谈什么不受侮辱，那就是所谓的厚脸皮了，还有什么值得尊贵的呢？况且像西伯姬昌，作为诸侯的领袖，曾被拘禁在羑里；李斯，身为丞相，也受尽五刑；淮阴侯韩信，被封为王，在陈地被戴上刑具；彭越、张敖被诬告有称帝野心，被捕定罪；绛侯周勃诛杀诸吕，权力大于春秋五

第二课　历史文化

霸，也被囚在请罪室中；魏其侯窦婴，是大将，也穿了红色囚衣，戴上刑具；季布铁圈束颈卖身朱家为奴；灌夫被拘于居室而受辱。这些人都是王侯将相，声名传扬邻国，到了犯罪伏法之时，都不能下决心自杀，身处污秽屈辱之地。古今都是一样，哪能不受辱呢！照这样说，勇敢或怯懦，都是形势造成的；坚强或懦弱，也是形势造成的。这是很清楚明白的事了，有什么奇怪的呢？

况且人不能早在法律制裁之前就自杀，因此逐渐衰颓，到了受刑的时候才想到士大夫的名节，这种心愿和现实难道不会相距太远吗！古人之所以对大夫慎重用刑，大概就是这个缘故。人之常情，没有谁不贪生怕死的，都挂念父母，顾虑妻儿；至于那些激愤于正义公理的人，当然不是这样，是有迫不得已的情况。如今我这样不幸，早早失去双亲，又无兄弟互相照顾，孤身于世，少卿你看我对妻儿如何呢？况且勇敢的人不一定要为名节去死，怯懦的人如果仰慕大义，什么地方不能勉励自己死节呢？我虽然怯懦软弱，想苟活于世，但也能略微懂得区分弃生就死的界限，怎么会自甘沉溺于牢狱生活而受辱呢！再说奴隶婢妾尚且能决心自杀，何况我已经到了这样的地步！之所以忍受屈辱苟活，陷在污秽牢狱不肯就死，是遗憾内心尚有志愿未达成，如果平庸死去，文章就不能在后世显露。

古时候富贵但不出名的人，多得数不清，只有那些卓越不平常的人才能被世人称颂。西伯姬昌被拘而扩写《周易》；孔子困窘而作《春秋》；屈原被放逐才写下《离骚》；左丘明失明才有了《国语》；孙膑被截膝盖骨才撰写了《兵法》；吕不韦被贬谪后世才流传着《吕氏春秋》；韩非囚禁于秦写出了《说难》《孤愤》；《诗》三百篇大都是圣贤为抒发愤慨而作。这些人皆因感情压抑不解，不能实现理想，所以记述过往，让将来的人能了解他的志向；如左丘明失明，孙膑断脚，终生不能被重用，于是退隐著书抒发心中怨愤，想着活下来从事著作来表达自己的思想。我私下也自不量力用我那不高明的文辞，收集天下散失的历史传闻，考证其真实性，综述事实的本末原委，推究成败盛衰的道理，上自轩辕，下至现在，写成十篇表，十二篇本纪，八篇书，三十篇世家，七十篇列传，一共一百三十篇，也是想研究自然与人之间的关系，贯通古今变化，成为一家的言论。刚开始创作，还没有成书，就遭此灾祸，痛惜这部书不能完成，因此受到极刑也没有怨怒之色。如果真能让我完成这本书，让它藏在名山之中，再传给与自己志同道合的人，让它广传于天下，那便抵偿了我受的所有屈辱，就算受再多屈辱，也不会后悔！然而这些只能对有见识的人诉说，很难向世俗之人讲清楚。

再说，负罪被辱的处境很不容易安生，地位卑贱的人多被诽谤议论。我说了几句话而遭此大祸，更被同乡、朋友耻笑，污辱祖先，又有什么颜面去双亲坟上祭扫呢？即使百世之后，这污秽和耻辱也会更加深重！因此在肺腑肚肠中每日多次回转，在家中心神不定，好像失去了什么东西一样，出去也不知道往哪儿走。每当想起这件耻辱之事，没有一次冷汗不从脊背上冒出来沾湿衣襟的。我已成宦官，怎能自己引退，藏于山林隐居呢！所以只得随俗浮沉，跟着形势上下，以表现我的狂放和迷惑。如今少卿让我推贤进士，岂不是与我的私心相违背吗？现在我虽然想自我雕琢，用好的言辞为自己开脱，也没有什么好处，世俗之人是不会相信的，我只会自取侮辱。简单来说，人要死后是非才能论定。书信上不能完全表达心意，只是略微陈述我固执、浅陋的意见。恭敬再拜。

申屠嘉下檄召邓通

主讲人 雷海宗

中国的家族

（节选）

中国的大家族制度曾经过一个极盛、转衰与复兴的变化，这个变化与整个政治社会的发展又有密切的关系。春秋以上是大家族最盛的时期，战国时代渐渐衰微。汉代把已衰的古制又重新恢复，此后一直维持了二千年。

关于春秋以上的家族制度，前人考定甚详（关于宗法制度，《礼记》多有记载，《大传》一篇最详。万斯大的《宗法论》八篇解释最好。大家族的实际情形，散见于《左传》《国语》。顾栋高的《春秋大事表》研究最精。近人孙曜的《春秋时代之世族》总论宗法与家族，可供参考），本文不再多论，只略述几句作为全文的背景而已。战国以下的发展，一向少人注意，是本文所特别要提出讨论的。

一、春秋以上

春秋时代大家族制度仍然盛行，由《左传》《国语》中看得很清楚。并且大家族有固定的组织法则，称为宗法。士族有功受封或得官后，即自立一家，称"别子"。他的嫡长子为"大宗"，称

◆《礼记》：相传西汉戴圣编纂。儒家经典之一。秦汉以前各种礼仪论著的选集。

◆万斯大（1633—1683）：清经学家。清史学家万斯同的兄长。研习诸经，长于《春秋》、"三礼"。治《礼》不拘汉宋，不盲从。

◆《国语》：传为春秋时左丘明著。以记西周末年和春秋时期周鲁等国君臣的言论为主。

◆顾栋高（1679—1759）：清学者。

"宗子"；历代相传，嫡长一系皆为大宗，皆称宗子。宗子的兄弟为"支子"，各成一"小宗"。小宗例须听命于大宗。只大宗承继土田或爵位；族人无能为生时，可靠大宗养赡。但除大宗"**百世不迁**"外，其他一切小宗都是五世而迁，不复有服丧与祭祀的责任。"迁"就是迁庙。

◆ 百世：一世三十年。指很多世代。

宗法的大家族是维持封建制度下贵族阶级地位的一种方法。封建破裂，此制当然也就难以独存。所以一到战国，各国贵族推翻，宗法也就随着消灭，连大家族也根本动摇了。贵族消灭的情形，因春秋、战国之际的一百年间史料缺乏，不能详考。但大概的趋向却很清楚。各国经过一番变动之后，无论换一个或几个新的朝代（如齐、晋），或旧朝代仍继续维持，旧日与君主并立的世卿以及一般士族的特权已都被推翻。各国都成了统一专制的国家。春秋时代仍然残余的一点封建制度，至此全部消灭了。

至于平民的情形，可惜无从考知。但以历史上一般的趋势而论，平民总是千方百计设法追随贵族的。所以春秋以上的平民，虽不见得行复杂的宗法制，但也必在较大的家族团体中生活。

春秋以上的大族不只是社会的细胞与经济的集团，并且也是政治的机体。各国虽都具有统一国家的形态，但每一个大族可说是国家内的小国家。晋、齐两国的世卿最后得以篡位，根本原因就在此点。

经过春秋末、战国初的变革之后，家族只是社会的细胞与经济的集团，政治机体的地位已完全丧失。至此专制君主所代表的国家可随意支配家族的命运了。

二、战国

据今日所知，战国时代最有系统的统制家族生活的就是秦国。商鞅变法：

> 令民为什伍，而相牧司连坐。不告奸者腰斩，告奸者与斩敌首同赏，匿奸者与降敌同罚。民有二男以上不分异者，倍其赋。有军功者各以率受上爵，为私斗者各以轻重被刑。

（《史记》卷六十八《商君列传》）

商鞅的政策可分析为两点。第一，是废大家族。所以二男以上必须分异，否则每人都要加倍纳赋。第二，是公民训练。在大家族制度之下，家族观念太重，国家观念太轻，因为每族本身几乎都是一个小国家。现在集权一身的国君要使每人都直接与国家发生关系，所以就打破大家族，提倡小家庭生活，使全国每个壮丁都完全独立，不再有大家族把他与国家隔离。家族意识削弱，国家意识提高，征兵的制度才能实行，国家的组织才能强化。商鞅的目的十分明显。什伍连坐是个人向国家负责。告奸也是公民训练。禁止私斗，提倡公战，更是对国家有利的政策；家族间的械斗从此大概停止了。

商鞅的政策完全成功：

> 行之十年，秦民大说。道不拾遗，山无盗

◆ "令民……被刑"
意为：下令十家编成一什，五家编成一伍，互相监督检举，一人犯法，其他人连带治罪。不告发奸恶之人的处腰斩的刑罚，告发奸恶的与斩敌首级之人受同等赏赐，藏匿奸恶的人与投敌者受同样的惩罚。一家有两个以上的壮丁不分居的，赋税加倍。有军功的各按标准升爵受赏，为私事斗殴的，按情节轻重处刑。

◆ "行之……大治"
意为：推行十年，秦国百姓都很高兴，路上没有人捡拾别人丢的东西据为己有，山林里没有盗贼。家家户户富裕充足。百姓勇于为国家而战，不敢为私利争斗。乡村、城镇秩序安定。

第二课　历史文化

贼。家给人足。民勇于公战，怯于私斗。乡邑大治。（同上）

汉初**贾谊**不很同情的描写，尤为活现：

商君违礼义，弃伦理，并心于进取。行之二岁，秦俗日败。秦人有子，家富子壮则出分，家贫子壮则出赘。假父耰锄杖彗耳，虑有德色矣。母取瓢碗箕帚，虑立讯语。抱哺其子，与公并踞。妇姑不相说，则反唇而睨。其慈子耆利而轻简父母也，念罪，非有伦理也。亦不同禽兽仅焉耳！（贾谊《新书》卷三《时变篇》。《汉书》卷四十八《贾谊传》中所引与此大同小异。）

贾谊所讲的是否有过度处，很难断定，但大概的情形恐怕可靠。旧日父母子女间的关系以及舅姑与子妇的关系完全打破，连父母子女之间互相借贷都成问题，颇有今日西洋的风气！

可惜关于家族制度的改革，我们只对秦国有这一点片面的知识，其他各国的情形皆不可考。但商鞅变法，以**李悝**的《法经》为根据。（《晋书》卷三〇《刑法志》："是时承用秦汉旧律。其文起自魏文侯师李悝。悝撰次诸国法，著《法经》……商鞅受之以相秦。"）李悝前曾相魏文侯，变魏国法，魏因而成为战国初期最强的国家。秦在七国中似乎变法最晚，并非战国时唯一变法的国家。这个重要的关键，历来都被人忽略。楚悼王用吴起变法，也在商鞅之前。吴起原与李悝同事魏文侯，对魏变法事或者亦有贡献。后往楚，相楚悼王：

◆ 贾谊（前200—前168）：西汉政论家、文学家。

◆ "商君……焉耳！"意为：商鞅违背礼义，抛弃伦理道德，一心只求进取。新法推行了三年，秦国的风俗日益败坏。秦国家中有子的，家里富裕，儿子成年便分家；家里贫穷，儿子成年后就入赘别家。借农具给父亲，脸上就显出给父亲恩德的表情。母亲来拿厨具、扫帚，会被责问。儿媳给孩子喂奶，与公爹并排坐着。婆媳关系不好，就反唇相讥。他们慈爱子女、贪图利益而轻视父母，考虑其罪过，并非不知道道理。也不过是和禽兽差不多罢了！

◆ 李悝（前455—前395）：战国初魏国人。政治上推行法治。

081

> 明法审令，捐不急之官，废公族疏远者，以抚养战斗之士。（《史记》卷六十五《吴起列传》）

此处所言不详，所谓"明法审令"所包必广，恐怕也与后来商鞅在秦所行的大致相同。此外申不害相韩，与商鞅同时，"内修政教，外应诸侯"，大概也是在变法（《史记》卷六十三《申不害传》）。

关于秦、魏、楚、韩四国的变法，我们能得到这一点眉目，已算侥幸；其他各国的情形，连一个字也未传到后代。但泛观人类历史，同一文化区域之内，一切的变化都是先后同时发生的。所以我们可以假定战国七雄都曾经过一番彻底的变法。商鞅变法是秦国富强的必需条件，但不是唯一条件，秦并六国更不完全由于变法，因为变法在当时是普遍的现象。地广人稀、沃野千里的蜀地的富源，恐怕是秦在列国角逐中最后占优势的主要原因。

各国变法之后，家族制度没落，可由种种方面看出。丧服制与子孙繁衍的观念可说是旧日家族制度的两个台柱。清楚严明的丧服制是维持一个人口众多的家族的方法；子孙繁衍是使大家族继续存在的方法。但到战国大家族破裂之后，这两根台柱也就随着倒塌了。

三年丧是丧制的中心。三年丧的破裂象征整个丧制的动摇。三年丧似乎破坏得很早，春秋末期恐怕已经不能完全实行。孔子的极力提倡，正足证明它的不为一般人所注意；连孔门弟子宰我都对三年丧表示怀疑，认为服丧一年已足（《论语·阳货

◆ "明法……之士"意为：明确法令，淘汰并裁减无关紧要的冗员，停止旁支王族的按例供给，用以抚养战士。

◆ 申不害（约前385—前337）：战国时思想家，法家主要代表之一。曾任韩昭侯的相十五年，使韩"国治兵强"。

◆ 战国七雄：指战国时魏、赵、韩、齐、秦、楚、燕七个强大的诸侯国。

◆ 宰我（前522—前458）：即宰予。春秋末期鲁国人，字子我。孔子学生，以能言善辩著称。

篇》）。这恐怕是当时很普遍的意见。后来孟子劝滕文公服三年丧，滕的父兄百官无不反对："吾宗国鲁先君莫之行，吾先君亦莫之行也；至于子之身而反之不可！"（《孟子·滕文公上》）所谓"先君"到底"先"到什么程度很难强解。最少可说战国初期鲁、滕两个姬姓国家已都无形间废除三年丧。实际恐怕春秋末期政治社会大乱开始的时候，这个古制必已渐渐不能成立。

墨子倡三月丧必很合乎当时的口味（《墨子》卷十二《公孟篇》第四十八）。在当时提倡并且实行三年丧的只有一般泥古的儒家。但一种制度已经不合时代的潮流，勉强实行必不自然，虚伪的成分必甚浓厚。墨者骂儒家"繁饰礼以淫人，久丧伪哀以谩亲"（《墨子》卷九《非儒篇下》第三十九），或有党派之嫌，但与实情相离恐不甚远。许多陋儒的伪善，连儒家内部比较诚恳高明的人也看不过，也情不自已地骂两句。荀子所指摘的种种"贱儒"必包括一些伪善与伪丧的人（《荀子》卷三《非十二子篇》第六。但荀子并不反对三年丧，见卷十三《礼论篇》第十九）。《礼记》各篇中所讲的漫无涯际的丧礼，到底有多少是古代的实情，多少是儒家坐在斗室中的幻想，我们已无从分辨。若说春秋以上的人做戏的本领如此高强，很难令人置信！

与三年丧有连带关系的就是孝道。孔子虽然重孝，但把孝创为一种宗教却是战国儒家，尤其是曾子一派所做的。《孝经》就是此种环境下所产的作品。

◆滕文公：战国时滕国国君，滕定公之子。定公死后，他派然友到邹见孟子，孟子教以行"三年之丧"。

◆"吾宗……不可！"意为：我们的宗国鲁国历代君主都没有这样做，我们的先王们也没有这样做，到了您这里却要改变，这是不可以的。

◆泥古：拘守于古代的成规或古人的说法。
◆"繁饰……谩亲"意为：用繁杂的礼乐迷惑人，用长期服丧和虚伪的哀痛欺骗亲人。
◆陋儒：学识浅薄的儒生。

◆斗室：狭小的屋子。
◆曾子（前505—前434）：名参，字子舆。孔子学生。以孝著称。
◆《孝经》：儒家经典。作者各说不一。论述封建孝道，宣传宗法思想，汉代时被列为七经之一。

与三年丧同时没落的，还有多子多孙的观念与欲望。大家族制度之下，子孙众多当然是必需的。西周、春秋时代的铭刻中，充分地表现了这种心理：

其永宝！

子孙其永宝！

其万年宝用！

其万年子子孙孙永宝用！

以上一类的句法，几乎是每件铜器上必有的文字。后来虽或不免因习惯而变成具文，但在当初却是整个社会制度的一种表现。孟子"不孝有三，无后为大"（《孟子·离娄篇上》）的说法，不只是战国时代儒家的理想，也确是春秋以上的普遍信仰。

但一旦大家族破裂，子孙繁衍的观念必趋微弱。一人没有子孙，整个家族的生命就有受威胁的可能。但公民观念代替了家族观念之后，一般人认为一人无子，国家不见得就没有人民。并且在大家族的集团生活之下，家口众多还不感觉不便。小家庭中，儿女太多，的确累赘。人类的私心，总不能免。与个人太不便利时，团体的利益往往就被牺牲。所以战国时代各国都有人口过少的恐慌，也多设法增加自己国内的人口。最早的例子就是春秋、战国之交的越国。句践要雪国耻，极力鼓励国内人口的繁殖：

（1）令壮者无取老妇，令老者无取壮妻；

（2）女子十七不嫁，其父母有罪；丈夫二十不娶，其父母有罪；

◆宝用：珍贵使用。

◆具文：空文。谓徒具形式而无实际。

◆"不孝……为大"意为：不孝顺的事情有三种，其中以没有子嗣为最重大。

◆句践：即勾践（？—前465），春秋时越国国君。曾被吴王夫差击败，在吴做人质三年，回国后卧薪尝胆，刻苦图强，终于转弱为强，灭吴国。

◆"令壮……壮妻"意为：命令壮年人不要娶老年妇女，老年人不要娶壮年妻子。

（3）将免（娩）者以告，公医守之；

（4）生丈夫二壶酒一犬，生女子二壶酒一豚；

（5）生三人公与之母，生二人公与之饩。

（《国语》卷二〇《越语上》）

我们读此之后，几乎疑惑墨索里尼是句践的私淑弟子；两人的政策相同处太明显了！

关于越国，我们或者还可说它是新兴的国家，地广人稀，所以才采用这种方法。但北方的古国，后来也采用同样做法，就很难如此解释了。魏居中原之中，也患人少。梁惠王向孟子诉苦：

寡人之于国也，尽心焉耳矣。河内凶，则移其民于河东，移其粟于河内。河东凶亦然。察邻国之政无如寡人之用心者，邻国之民不加少，寡人之民不加多，何也？（《孟子·梁惠王上》）

梁惠王以后，秦国也患人少，有人提倡招徕三晋的人民。（《商君书》卷四《徕民篇》。此篇所言并非商君时事，篇中谓："今三晋不胜秦四世矣。自魏襄王以来，野战不胜，守城不拔，小大之战，三晋之所以亡于秦者不可胜数也。"魏襄王还是惠王的儿子，此篇所言当为孟子与梁惠王后百年的情形。《墨子》书中也屡次提倡人口增加，但这是根据墨子的经济生产学说与整个兼爱主义的，与实际人口多少问题似无直接的关系。所以本文对《墨子》所言，闭而不论。）越、魏、秦三国也决非例外，其他各国也必感到同样的困难。战争过烈，杀人太多，或可解释人口稀少的一部分；但此外恐怕还有其他的因素。小家庭

◆ "将免……守之" 意为：即将分娩的女子上报朝廷，朝廷命医生守护。

◆ 豚：猪。

◆ 饩，xì，粮食或饲料；活的牲口，生肉。

◆ 私淑弟子：对自己所敬仰而不得从学的前辈，常自称为"私淑弟子"。

◆ "寡人……何也？" 意为：我对于国家，已经尽心尽力了。河内遇到了灾荒，我便把那里的一部分百姓迁到河东，还把河东的一部分粮食运到河内。河东遇灾也是如此。看看邻国的政治，没有比我更用心的了。但邻国的百姓不因此减少，我的百姓也没有增加，为什么呢？

◆ "今三……数也" 意为：现在三晋打不过秦国已经四代了。自魏襄王以来，在野外作战打不过秦国，守城必定被秦国攻下，大小战役，三晋败给秦国的次数数不过来。

制度盛行多子观念薄弱之后，杀婴的风气必所难免。关于战国时代，虽无直接的证据，但到汉代，杀婴的事却曾惹人注意。

……

三、秦汉以下

……

东汉末，贾彪为新息（今河南息县）县长——

小民困贫，多不养子。彪严为其制，与杀人同罪。城南有盗劫害人者，北有妇人杀子者。彪出案发，而掾吏欲引南。彪怒曰："贼寇害人，此则常理。母子相残，逆天违道！"遂驱车北行，案验其罪。城南贼闻之，亦面缚自首。数年间人养子者千数。佥曰："贾父所长。"生男名为贾子，生女名为贾女。（《后汉书》卷九十七《贾彪传》。春秋以上，生子可弃，但与此性质不同。参考《诗·大雅·生民篇》后稷被弃故事及《左传》宣公四年越椒几乎被弃的故事。）

区区一县之地，数年间可杀而未杀的婴儿居然能有千数，可见杀婴不完全是由于困乏。此风停止后，也没有听说生活更加困难；贫困最多也不过是杀婴的一种借口。这种风气恐怕来源甚早，也不见得限于新息一地；前此与别处无人注意就是了。房中术盛行时，不明其法的人就难免要采用野蛮的杀婴方法。

汉代的政府也如战国时代列国的设法提倡人

◆ 贾彪：东汉颍川定陵（今河南舞阳东北）人，曾为新息长，严禁堕胎溺婴，民感其恩。后因党锢之祸被禁锢而死。

◆ "小民……贾女"意为：百姓贫困，大多不生养子女，贾彪严格法制，不养子女的与杀人同罪。城南有盗劫害人的，城北有妇人杀子的，贾彪去案发地处理，掾吏想把贾彪带到城南去，贾彪怒道："贼寇害人，这是常理；母子相残，这是逆天理，违反人道。"于是驾马车到城北，治了杀子妇人的罪。城南贼听说后，捆绑自己到县里自首。几年之内，百姓生养子女达千人，都说"这是贾公的功劳"，生儿子取名为"贾子"，生女儿取名为"贾女"。

第二课　历史文化

口增加。高帝七年，"命民产于，复勿事二岁"（《汉书》卷一下《高帝纪下》）。这或者还可以大乱之后人口稀少来解释。但由后来的情形，可看出这并不是唯一的原因。西汉最盛的宣帝之世，仍以人口增加的多少为地方官考课的重要标准，当时人口缺乏的正常现象可想而知了。黄霸为颍川太守，"以外宽内明，得吏民心，户口岁增，治为天下第一"。西汉末年，人口称为最盛（《汉书》卷二十八下《地理志下》）；然而召信臣为南阳太守，"其化大行……百姓归之，户口增倍"（黄霸召信臣事俱见《汉书》卷八十九《循吏列传》）。所谓"百姓归之"就是邻郡的人民慕化来归的意思。人口增加要靠外来的移民，生殖可谓困难到惊人的程度！

两汉四百年间，人口的总额始终未超过六千万。汉承战国的法治之余，户口的统计当大致可靠。并且当时有口赋、算赋、更赋的担负，男女老幼大多都逃不了三种赋役中的最少一种，人口统计当无大误。珠江流域虽尚未开发，长江流域虽尚未发展到后日的程度，但只北方数省的人口在今日已远超过六千万。汉代人口的稀少，大概是无可置疑的。并且西汉人口最盛时将近六千万，东汉最盛时反只将近五千万，减少了一千万（《汉书》卷二十八下《地理志下》，《后汉书》卷三十三《郡国志五》）。可见当时虽每经过一次变乱之后，人口减而复增；但四百年间人口的总趋势是下减的。

此点认清之后，东汉诸帝极力奖励生育的政策就可明白了。章帝元和二年，降下有名的胎养令，

◆ "命民……二岁"意为：民家生了子女，可免去徭役二年。"命民产于"应为"命民产子"。

◆ 考课：中国古代按一定的标准考察官吏的功过善恶，分等级以赏罚。

◆ 黄霸（？—前51）：西汉大臣。少习律令，宣帝时任扬州刺史、颍川太守，力劝耕桑，推行教化，后为御史大夫、丞相，获封"建成侯"。

◆ "以外……第一"意为：外表宽厚，内心明察，很得官吏百姓之心，郡内户口年年增加，政绩天下第一。

◆ 召信臣（？—前31）：西汉元帝时任南阳太守。郡内殷富，人口倍增，时人尊称其为"召父"。

◆ 口赋、算赋、更赋：口赋，汉代对未成年人征收的人头税；算赋，汉代对成年人所征的人头税；更赋，汉代所征的一种代役税，自身不服役而出钱由官府雇人代替，名更赋。

分为两条：

（1）产子者，复勿算三岁；

（2）怀孕者，赐胎养谷，人三斛；复其夫勿算一岁（《后汉书》卷三《章帝纪》）。

由此看来，生育的前后共免四年的算赋，外给胎养粮。算赋不分男女，成年人都须缴纳，每年一百二十钱，是汉代最重的一种税赋。"产子者，复勿算三岁"，未分男女，大概是夫妇皆免。怀孕者，夫免算一岁；妇既有养粮，免算是不言而喻的了。两人前后免算八次，共九百六十钱。汉代谷贱时，每石只五钱，饥荒时亦不过数百钱，平时大概数十钱（《汉书》卷二十四《食货志》）。所以这个"胎养令"并不是一件小可的事情，所免的是很可观的一笔税款。这当然是仁政，但只把它看为单纯消极的仁政，未免太肤浅。这件仁政有它积极的意义，就是鼓励生育。并且这个办法是"著以为令"的，那就是说，此后永为常法。但人口的增加仍是有限，总的趋势仍是下减。如此大的奖励还是不能使人口增加，可见社会颓风的积重难返了。

此外，汉代诸帝又不断地设法恢复前此几近消灭的大家族制度。这个政策可从两方面来解释。第一，战国的紧张局面已成过去，现在天下一家，皇帝只求社会的安定。小家庭制度下，个人比较流动，社会因而不安。大家族可使多数的人都安于其位；所以非恢复大家族，社会不能安宁。（汉代重农抑商，原因亦在此。商业是流动的，使社会不安。农业是固定的，农业的社会大致都安静无事。见《汉书》卷二十四

◆"产子……三岁"意为：凡有百姓生育，免收人头税三年。

◆"怀孕……一岁"意为：所有怀孕的妇女，由官府赏赐胎养谷，每人三斛，免收其丈夫人头税一年。

◆著以为令：将其纳入法令条文。

《食货志》）但汉帝要恢复大家族，恐怕还有一个原因，就是希望人口增加。小家庭制与人口减少几乎可说有互相因果的关系。大家族与多子多孙的理想若能复兴，人口的恐慌就可免除了。汉代用政治的势力与权利的诱惑提倡三年丧与孝道，目的不外上列两点。战国时代被许多人讥笑的儒家至此就又得势了。

汉初承战国旧制，仍行短丧。文帝遗诏，令臣民服丧以三十六日为限（《史记》卷一〇《文帝本纪》，《汉书》卷四《文帝纪》同）。臣民亦多短丧。一直到西汉末成帝时，翟方进为相，后母终，既葬三十六日除服（《汉书》卷八十四《翟方进传》）。但儒家极力为三年丧宣传，武帝立儒教后，宣传的势力更大。公孙弘为后母服丧三年，可说是一种以身作则的宣传（《汉书》卷五十八《公孙弘传》）。到西汉末，经过百年间的提倡，三年丧的制度又重建起来了。成帝时薛宣为相，后母死，其弟薛修服三年丧，宣谓"三年服，少能行之者"，不肯去官持服，后竟因此遭人攻击（《汉书》卷八十三《薛宣传》）。哀帝时，刘茂为母行三年丧（《汉书》卷八十一《独行列传》）。成哀间，河间王良丧太后三年，哀帝大事褒扬（《汉书》卷五十三《河间献王传》）。哀帝时，游侠原涉为父丧三年，衣冠之士无不羡叹（《汉书》卷九十二《游侠列传》）。哀帝即位，诏博士弟子父母死，给假三年（《汉书》卷十一《哀帝纪》）。到东汉时，三年丧吏为普遍，例多不举。光武帝虽又废三年丧，但那是大乱后的临时措置，不久

◆翟方进（？—前7）：西汉大臣。成帝时，历任朔方刺史、御史大夫，后为丞相，封高陵侯。为政公洁，持法深刻。

◆除服：旧指守孝期满，脱去丧服。

◆公孙弘（前200—前121）：少为狱吏，以熟习文法吏治，被武帝任为丞相，封平津侯。

◆薛宣：西汉大臣。成帝时期初为御史中丞，后历任陈留太守、左冯翊等职。旋为丞相，封高阳侯。

◆持服：居丧守孝。

◆《独行列传》：《独行列传》应位于《后汉书》卷八十一。

◆游侠：古称轻生重义、勇于救人急难者。

◆措置：放置；搁置。

第二课 历史文化

089

就又恢复（《后汉书》卷六十九《刘恺传》，卷七十六《陈忠传》）。后虽兴废无定，但三年丧已根深蒂固，已成为多数人所承认的制度（《后汉书》卷七《桓帝纪》，卷九十二《荀爽传》）。

孝道的提倡与三年丧的宣传同时并进。汉帝谥法，皆称"孝"。《孝经》一书特别被推崇。选举中又有孝廉与至孝之科。对人民中的"孝弟力田"者并有赏赐。据荀爽说：

> 汉为火德。火生于木，木盛于火，故其德为孝。……故汉制使天下诵《孝经》，选吏举孝廉。（《后汉书》卷九十二《荀爽传》）

汉谥法用"孝"的来源不详。荀爽火德为孝的解释不妥，因为以汉为火德是王莽时后起的说法，汉原来自认为水德或土德（《汉书》卷二十五《郊祀志》，卷九十八《元后传》，卷九十九《王莽传》），而西汉第二代的惠帝已称"孝惠"。谥法用"孝"，解释为国家提倡孝道，最为简单通顺，无须绕大圈子去找理由。

明帝时，期门羽林介胄之士都通《孝经》（《后汉书》卷六十二《樊准传》），可见此书到东汉时已成了人人皆读的通俗经典了。关于孝廉与孝弟力田的事，例证极多，无须列举。

孝的宗教，到东汉时可说已经成立。东汉初，江革母老，不欲摇动，革亲自在辕中为母挽车，不用牛马。乡里称他为"江巨孝"（《后汉书》卷六十九《江革传》）。中叶顺帝时，东海孝王臻与弟蒸乡侯俭并有笃行，母死皆吐血毁瘠。后追念父死时，年

◆孝弟力田：也作"孝悌力田"。名义上是奖励孝父母、敬兄长的人和能努力耕作者，中选者多有赏赐，并免除一切徭役，不担任官职。

◆期门：禁军名，执兵器护卫，"期诸殿门"，故称"期门"。

◆羽林：皇帝禁卫军，取其"如羽之疾，如林之多"之意，地位较期门略低。

◆介胄：铠甲和头盔。介胄之士：指武人、武士。

◆"中叶……毁瘠"意为：东汉中叶汉顺帝时期，东海孝王刘臻和他的弟弟蒸乡侯刘俭都有淳厚的品行，他们的母亲去世时，两人都悲痛得吐血，因哀伤过度而身形消瘦。

尚幼，哀礼有阙，遂又重行丧制（《后汉书》卷七十二《东海恭王强传》）！至此孝已不只是善之一种，而成了万善之本❶。章帝称赞江革的话可说是此后二千年间唯孝主义的中心信条：

> 夫孝，百行之冠，众善之始也。（《后汉书》卷六十九《江革传》）

这种三年丧与孝教的成功，表示大家族制度已又渐渐恢复。人口虽仍不见加多，但并未过度地减少，所以帝国仍能维持，不致像西方同时的罗马帝国因患贫血症而堪堪待死，等到日耳曼的狂风暴雨一来，就立刻气绝。中国虽也有五胡入侵，但最后能把他们消化，再创造新的文化局面，这最少一部分要归功于汉代大家族制度的重建政策。

四、结论

到东汉时大家族重建的运动已经成功，魏、晋清谈之士的谩侮礼教，正足证明旧的礼教已又复活。五胡的打击也不能把旧礼教与大家族冲破。永嘉乱后，中原人士南迁，家人父子往往离散。子过江而不知父母存没的甚多，守丧的问题因而大起。未得正确的消息之先，为人子的可否结婚或做官，更是切肤的问题。"服丧则凶事未据，从吉则疑于不存"。真是进退两难。大家议论纷纷，莫衷一是，可见孝道与丧制的基础是如何地稳固了（《晋

---

❶ 见课后延展阅读：《陈情表》。

◆阙：亏缺。

◆堪堪：将要。
◆日耳曼：北欧的古代民族。

◆永嘉乱：晋惠帝在位期间，政治腐败，八王战乱相继。匈奴贵族刘渊乘机起兵，国号"汉"。永嘉五年（311年），刘渊之子、侄兵破洛阳，俘虏怀帝，焚烧宫庙，纵兵烧掠，杀王公官吏庶民三万余人，史称"永嘉之乱"。
◆"服丧……不存"意为：如果要服丧，死讯又没有根据，不服丧又怀疑父母已死。
◆莫衷一是：不能断定哪一方面对。

◆食口：坐吃而不事生产的人。

书》卷二〇《礼志中》）。房中术与杀婴风气虽未见得完全绝迹，但已不是严重的问题。此后历代的问题不是人口稀少，而是食口太多，生活无着。"胎养令"一类的办法无人再提起；因为不只无此需要，并且事实上也不可能了。

东汉以下二千年间，大家族是社会国家的基础（但严格讲来，不能称为宗法社会，因为春秋以上的宗法制度始终没有恢复）。大家族是社会的一个牢固的安定势力。不只五胡之乱不能把它打破；此后经过无数的大小变乱，社会仍不瓦解，就是因为有这个家族制度。每个家族，自己就是一个小国家。每个分子，甚至全体分子，可以遇害或流散死亡；但小国家制度本身不是任何暴力或意外的打击所能摇撼的。

但反过来讲，汉以下的中国不能算为一个完备的国家。大家族与国家似乎是根本不能并立的。封建时代，宗法的家族太盛，国家因而非常散漫。春秋时代宗法渐衰列国才开始具备统一国家的雏形。战国时代大家族没落，所以七雄才组成了真正统一的完备国家。汉代大家族衰而复盛，帝国因而又不成一个国家。二千年来的中国只能说是一个庞大的社会，一个具有松散政治形态的大文化区，与战国七雄或近代西洋列强的性质绝不相同。

近百年来，中国受了强烈的西洋文化的冲击，汉以下重建的家族制度以及文化的各方面才开始撼动。时至今日，看来大家族的悲运恐怕已无从避免。实行小家庭制，虽不见得国家组织就一定可以健强，但古今似乎没有大家族制下而国家的基础可

第二课　历史文化

以巩固的。汉以下始终未曾实现的真正统一的建国运动，百年来，尤其是民国以来，也在种种的困苦艰难中进行。一个整个的文化区，组成一个强固的国家，是古今未曾见过的事。中国今日正在努力于这种人类前此所未有的事业；若能成功，那就真成了人类史上的奇迹。

家族制度，或大或小，是人类生活的必需条件。所以未来的中国到底采用如何形态的大家族或小家族制度，颇堪玩味。大小两制，各有利弊。两者我们都曾实行过，两者的苦头也都尝过。我们在新的建国运动中，是否能尽量接受历史上的教训，去弊趋利；这种万全的路径，是否可能；大小两制是否可以调和——这些问题都是我们今日的人所极愿追究的，但恐怕只有未来的人才能解答！

（选自《雷海宗文集》）

◆玩味：反复琢磨；仔细体味。

延展阅读

陈情表
[西晋]李密

【原文】

臣密言：臣以险衅，夙遭闵凶。生孩六月，慈父见背；行年四岁，舅夺母志。祖母刘愍臣孤弱，躬亲抚养。臣少多疾病，九岁不行，零丁孤苦，至于成立。既无伯叔，终鲜兄弟，门衰祚薄，晚有儿息。外无期功强近之亲，内无应门五尺之僮，茕茕孑立，形影相吊。而刘夙婴疾病，常在床蓐，臣侍汤药，未曾废离。

逮奉圣朝，沐浴清化。前太守臣逵察臣孝廉，后刺史臣荣举臣秀才。臣以供养无主，辞不赴命。诏书特下，拜臣郎中，寻蒙国恩，除臣洗马。猥以微贱，当侍东宫，非臣陨首所能上报。臣具以表闻，辞不就职。诏书切峻，责臣逋慢；郡县逼迫，催臣上道；州司临门，急于星火。臣欲奉诏奔驰，则刘病日笃；欲苟顺私情，则告诉不许：臣之进退，实为狼狈。

伏惟圣朝以孝治天下，凡在故老，犹蒙矜育，况臣孤苦，特为尤甚。且臣少仕伪朝，历职郎署，本图宦达，不矜名节。今臣亡国贱俘，至微至陋，过蒙拔擢，宠命优渥，岂敢盘桓，有所希冀。但以刘日薄西山，气息奄奄，人命危浅，朝不虑夕。臣无祖母，无以至今日；祖母无臣，无以终余年。母、孙二人，更相为命，是以区区不能废远。

臣密今年四十有四，祖母今年九十有六，是臣尽节于陛下之日长，报养刘之日短也。乌鸟私情，愿乞终养。臣之辛苦，非独蜀之人士及二州牧伯所见明知，皇天后土实所共鉴。愿陛下矜愍愚诚，听臣微志，庶刘侥幸，保卒余年。臣生当陨首，死当结草。臣不胜犬马怖惧之情，谨拜表以闻。

【译文】

臣李密上表陈言：我命途坎坷，幼时就遭遇不幸之事，出生仅六个月，慈爱的父亲就离我而去；在我四岁那年，舅舅逼迫母亲改嫁。我的祖母刘氏可怜我年幼丧父，就亲自抚养我。我幼年时期经常生病，到了九岁还无法走路，孤苦伶仃，一直到成年自立。既没有叔伯，也没什么兄弟，家门衰败，福分微薄，很晚才有儿子。在外面没有血缘关系比较近的亲属，在家里又没有照顾门户的童仆，形单影只，无依无靠。而且祖母很早之前就身患疾病，常年躺在床上，我一直侍奉左右，亲自喂饭煎药，从来没有离开过她。

待晋朝建立，我亲身感受到了清明的教化。前任太守逵，推举我为孝廉，后来的刺史荣又举荐我为秀才。因为没有旁人帮我照顾祖母，所以我谢绝了他们的引荐。现在朝廷又特地下发诏书，授予我郎中的官职，没多久又承蒙国恩，任命我为太子洗马。我出身卑贱，地位低下，却能够担任侍奉太子的官职，这实在不是我用性命就能报答的圣恩。所以我将上述情况如实汇报，推辞了官职不去赴任。但是朝廷的诏书催得严厉又迫切，责备我怠慢逃避；郡县长官催逼我即刻动身；州官登门催促，比流星坠落还要紧急。我很想奉命奔赴朝廷就职，可是祖母刘氏的病却日益深重；想姑且顺从自己想要照顾祖母的私情，但请求得不到允许。我实在是进退两难啊。

我俯身思索，晋朝是以孝道治理国家的，只要是年高德劭的臣子，都能得到怜惜与赡养，更何况我这种尤其孤苦的旧臣呢？况且我早年间在蜀地做官，担任过郎中和尚书郎等官职，原本就希望官职显达，不会因为顾惜声誉名节而放弃当官。如今我只是低贱的亡国旧臣，至微至陋，承蒙新主过分地提拔和恩宠优待，哪敢徘徊不定而有非分之想呢？只是因为祖母刘氏大限将至，气息奄奄，危在旦夕了。如果没有祖母，就没有今日的我；如果没有我的照顾，祖母也不能安然度过剩下的日子。我们祖孙俩，相依为命，因此我无法丢下祖母而远赴京城。

  我现在四十四岁了，祖母今年已经九十六岁了，我还有很长的时间效忠陛下，但我孝敬祖母的时间已经不多了。我怀抱着乌鸦反哺的孝心，请求允许我为祖母养老送终。我艰难的处境，不仅蜀地的百姓和益州的太守、梁州的刺史能够看到，连天地神明都一清二楚。期望陛下能怜惜我拙诚的心，满足我小小的愿望，使祖母刘氏安心过完余生。我生时定会不惜性命效忠朝廷，死后也要结草衔环来回报您的恩情。我像牛马一样诚惶诚恐，恭谨地拜上表章来向陛下禀明此事。

孝经图《开宗明义章第一》

主讲人 雷海宗

中国的元首

（节选）

一、秦始皇帝

秦始皇对于他自己的新地位的见解很值得玩味。据《史记·秦始皇本纪》，公元前221年令丞相御史议称号：

> 寡人以眇眇之身，兴兵诛暴乱。赖宗庙之灵，六王咸伏其辜，天下大定。今名号不更，无以称成功传后世。其议帝号！

"其议帝号"一句话很可注意。当时秦尚未正式称帝，然而正式的令文中居然有这种语气，有两种可能的解释。一是帝本是公认为"王天下者"的称号；现在秦并六国，当然是帝。第二种解释就是七十年前秦称西帝，始终未正式取消，所以"帝号"一词并无足怪。现在秦王为帝已由理想变成事实，只剩正式规定帝的称号。

始皇与臣下计议的结果，名号制度焕然一新。君称"皇帝"，自称"朕"，普遍地行郡县制与流官制，划一度量衡，书同文，车同轨，缴天下械，治驰道，徙富豪于咸阳。凡此种种，可归纳为两条原则。一，天下现在已经统一，一切制度文物都归

◆ "寡人……帝号！" 意为：我以微不足道的身躯，发兵诛暴讨乱。靠着祖先宗庙的威灵，六国已各服其罪，天下完全平定。现在不改换名号，就不能让建立的功业流传后世。请你们商定帝号。

第二课　历史文化

一律。二，政权完全统一，并且操于皇帝一人之手。从此以后，皇帝就是国家，国家就是皇帝。这种政治的独裁在战国时已很明显。只因那时列国并立，诸王不得不对文人政客有相当的敬礼与笼络。现在皇帝不只不再需要敬畏政客文人，并且极需避免他们的操纵捣乱。当初大家虽都"五帝三王""王天下"不离口，但他们并没有梦想到天下真正统一后的情势到底如何。现在他们的理想一旦实现，他们反倒大失所望，认为还是列国并立的局面对他们有利。同时六国的王孙遗臣也很自然地希望推翻秦帝，恢复旧日的地方自由。所以文人政客个人自由的欲望与六国遗人地方独立的欲望两相混合，可说是亡秦的主要势力。焚书坑儒就是秦始皇对付反动的文人政客的方法[1]。**张良**与**高渐离**（《史记》卷五十五《留侯世家》，卷八十六《刺客列传》）可代表六国遗人力谋恢复的企图。在历史上，第一个统一的伟人或朝代似乎总是敌不过旧势力的反动，总是失败的。统一地中海世界的**恺撒**为旧党所刺杀，西方的天下又经过十几年的大乱才又统一。统一中国的秦朝也遭同样的命运。一度大乱之后，汉朝出现，天下才最后真正统一。

秦亡的代价非常重大。秦朝代表有传统政治经验与政治习惯的古国，方才一统的天下极需**善政**，正需要有政治经验习惯的统治者。并且秦国的政治在七国中最为优美，是战国时的人已经承认

---

[1] 见课后延展阅读：《过秦论》。

◆ 张良（？—前190或前189）：西汉初大臣。出身战国末期的韩国贵族，秦灭韩后，他图谋复国，结交刺客，狙击秦始皇未中。

◆ 高渐离：战国末期燕国人。秦朝建立后，秦始皇听闻高渐离善击乐器，命人熏瞎他的眼睛击乐，他在乐器内暗藏铅块，扑击秦始皇不中，后被杀。

◆ 恺撒（前102或前100—前44）：古罗马统帅，政治家，作家。集执政官、保民官、独裁官等大权于一身，后被以布鲁图和卡西乌为首的共和派刺杀。

◆ 善政：清明的政治，良好的政令。

的(《荀子》卷十一《强国篇》第十六)。反动的势力把秦推翻,结果而有布衣天子的汉室出现。汉高是大流氓,一般佐命的人多为无政治经验的流氓小吏出身。所以天下又经过六十年的混乱方才真正安定下去。到汉武帝时(前140—前87)政治才又略具规模,汉室的政治训练才算成熟。

二、汉之统一与皇帝之神化

汉室的成立是天下统一必然性的又一明证。楚汉竞争的时期形式上是又恢复了战国时代列国并立的局面;义帝只是昙花一现的傀儡。项羽灭后,在理论上除汉以外还有许多别的国,不过是汉的与国而已,并非都是属国。但列国居然与汉王上表劝进:

> 楚王韩信、韩王信、淮南王英布、梁王彭越、故衡山王吴芮、赵王张敖、燕王臧荼,昧死再拜言,大王陛下!先时秦为亡道,天下诛之。大王先得秦,王定关中,于天下功最多。存亡定危,救败继绝,以安万民,功盛德厚。又加惠于诸侯王有功者,使得立社稷。地分已定,而位号比拟,亡上下之分;大王功德之著于后世不宣。昧死再拜上皇帝尊号!(《汉书》卷一下《高帝纪下》)

细想起来,这个劝进表殊不可解。这是一群王自动公认另一王为帝,正与五十年前鲁仲连所反对的帝秦议性质相同。我们即或承认这是诸王受汉

◆佐命:辅助帝王创业的人。

◆"楚王……尊号!"意为:楚王韩信、韩王信、淮南王英布、梁王彭越、原衡山王吴芮、赵王张敖、燕王臧荼,再次冒死上书,大王陛下!先前秦朝无道,天下诸侯群起诛讨。大王先俘虏秦王,平定关中,对天下功劳最多。拯救苍生于危亡之中,给落魄者以生机,安定万民,功德盛大。同时又施加恩惠于各个有功的侯王,让他们建立封国。现在各侯王封地及名分已定,却和大王同称王号,没有尊卑之别;大王的高功盛德不能宣明于后世。臣等冒死再拜请启用皇帝尊号。

◆鲁仲连:战国时齐国人。善谋策,常周游各国,排难解纷。曾以利害进说赵平原君,劝阻尊秦昭王为帝。

第二课　历史文化

王暗示所上的表，事情仍属奇异。各人起兵时本是以恢复六国推翻秦帝为口号。现在秦帝已经推翻，六国也可说已经恢复，问题已经解决，天下从此可以太平无事；最少列国相互间可以再随意战争，自由捣乱，不受任何外力的拘束。谁料一帝方倒，他们就又另外自立一帝。即或有汉王的暗示，当时汉王绝无实力勉强诸王接受他的暗示。所以无论内幕如何，我们仍可说这个劝进表是出于自动的；最少不是与诸王的意见相反的。这最足以证明当时的人都感觉到一统是解决天下问题的唯一方法，除此之外，并无第二条出路。第二条路是死路，就是无止期的战乱。从此以后，中国的历史只有这两条路可走：可说不是民不聊生的战国，就是一人独裁的秦、汉。永远一治一乱循环不已。

汉室虽是平民出身，皇帝的尊严并不因之减少，反而日趋神秘。秦、汉都采用当初齐国人的宣传，行**封禅**，并按五德终始说自定受命之德（《史记》卷二十八《封禅书》，《汉书》卷二十五《郊祀志》）。皇帝的地位日愈崇高，日愈神秘，到汉代，皇帝不只是政治的独裁元首，并且天下公然变成他个人的私产。**未央宫**造成之后（公元前198年）——

> 高祖大朝诸侯群臣，置酒未央前殿。高祖奉玉卮，起为太上皇寿曰："始大人常以臣无赖，不能治产业，不如仲力。今某之业，所就孰与仲多？"殿上群臣皆呼万岁，大笑为乐。

（《史记》卷八《高祖本纪》）

由此可见皇帝视天下为私产，臣民亦承认天下

◆封禅：古代帝王为表明自己受命于天所举行的祭祀天地的典礼。

◆未央宫：西汉宫殿遗址，高祖七年（前200年）丞相萧何主持建筑。位于陕西西安西北郊汉长安故城内西南隅。

◆"高祖……为乐"意为：高祖会见诸侯和群臣，在未央宫前殿摆设酒宴。高祖手捧玉制酒杯，起身给太上皇祝寿，说："当初您常常说我是无以谋生的无赖，不能料理产业，不如刘仲勤快。如今我与刘仲相比，谁的成就更大呢？"殿上群臣都高呼万岁，大笑作乐。

101

◆社稷：国家的代称。

◆哀帝（前25—前1）：即西汉皇帝刘欣。即位后欲限制宗室、诸王侯、吏民的田地和奴婢，却赐宠臣董贤田二千顷，均田之议遂罢。

◆董贤（前23—前1）：西汉云阳（今陕西淳化西北）人，为哀帝所宠幸，二十二岁官至大司马，操纵朝政。哀帝死后被罢官，后与妻自杀。

◆"吾欲……何如？"意为：我打算效法尧禅位于舜，（把皇位禅让给你），怎么样？

◆"天下……戏言！"意为：天下乃高皇帝的天下，并非陛下所有。陛下承继宗庙，应当传子孙于无穷。王统帝业是至关重大的事情，天子不可戏言！

为其私产而不以为怪，反呼万岁，大笑为乐。这与战国时代孟子所倡的民贵社稷次君轻的思想，及春秋时代以君为守社稷的人而非社稷的私有者的见解是两种完全不同的政治空气。

哀帝（前6—前1）宠董贤，酒醉后（公元前1年），"从容视贤笑曰：'吾欲法尧禅舜何如？'"中常侍王闳反对：

> 天下乃高皇帝天下，非陛下之有也。陛下承宗庙，当传子孙于亡穷。统业至重，天子亡戏言！（《汉书》卷十一《哀帝纪》，卷九十三《董贤传》）

皇帝看天下为自己的私产，可私相授受。臣下认天下为皇室的家产，不可当作儿戏。两种观点虽不完全相同，性质却一样；没有人认为一般臣民或臣民中任何一部分对天下的命运有支配的权力。

天下为皇帝的私产，寄生于皇帝私产上的人民当然就都是他的奴婢臣妾。奴婢虽或有高低，但都是奴婢；由尊贵无比的皇帝看来，奴婢间的等级分别可说是不存在的。最贵的丞相与无立锥之地的小民在皇帝前是同样地卑微，并无高下之分。当时的人并非不知道这种新的现象。贾谊对此有极沉痛的陈述：

> 人主之尊譬如堂，群臣如陛，众庶如地。故陛九级上，廉远地，则堂高。陛无级，廉近地，则堂卑。高者难攀，卑者易陵，理势然也。故古者圣王制为等列，内有公卿大夫士，外有公侯伯子男，然后有官师小吏，延及庶

人。等级分明，而天子加焉，故其尊不可及也。里谚曰："欲投鼠而忌器。"此善谕也。鼠近于器，尚惮不投，恐伤其器，况于贵臣之近主乎？廉耻节礼以治君子，故有赐死而亡戮辱。是以黥劓之辠不及大夫，以其离主上不远也。礼不敢齿君之路马，蹴其刍者有罚。见君之几杖则起，遭君之乘车则下，入正门则趋。君之宠臣虽或有过，刑戮之辠不加其身者，尊君之故也。此所以为主上豫远不敬也，所以体貌大臣而厉其节也。今自王侯三公之贵，皆天子之所改容而礼之也，古天子之所谓伯父伯舅也。而今与众庶同黥劓髡刖笞骂弃市之法，然则堂不亡陛乎，被戮辱者不泰迫乎？廉耻不行，大臣无乃握重权，大官而有徒隶亡耻之心乎？失望夷之事，二世见当以重法者，投鼠而不忌器之习也。臣闻之，履虽鲜不加于枕，冠虽敝不以苴履。夫尝已在贵宠之位，天子改容而体貌之矣，吏民尝俯伏以敬畏之矣；今而有过，帝令废之可也，退之可也，赐之死可也，灭之可也。若夫束缚之，系绁之，输之司寇，编之徒官，司寇小吏詈骂而榜笞之，殆非所以令众庶见也。夫卑贱者习知尊贵者之一旦吾亦乃可以加此也，非所以习天下也，非尊尊贵贵之化也。夫天子之所尝敬，众庶之所尝宠，死而死耳，贱人安宜得如此而顿辱之哉？（《汉书》卷四十八《贾谊传》）

当时因为丞相绛侯周勃被告谋反，收狱严治，最后证明为诬告，方才释出。这件事（公元前176年）是贾谊发牢骚的引线。贾谊对于这种事实认得很清楚，但对它的意义并未明了。他所用的比喻也不妥当。皇帝的堂并不因没有陛级而降低，他的堂实在是一座万丈高台，臣民都俯伏在台下。皇帝的地位较前提高，臣民的地位较前降低，贾谊所说的古代与汉代的分别，实在就是阶级政治与个人政治的分别。先秦君主对于大臣的尊敬是因为大臣属于特殊的权利阶级。阶级有相当的势力，不是君主所能随意支配。到秦汉时代真正的特权阶级已完全消灭，人民虽富贵贫贱不同，但没有一个人是属于一个有法律或政治保障的固定权利阶级的。由此点看，战国时代可说是一个过渡时代。在性质上，战国时代已演化到君国独裁的个人政治的阶段。但一方面因为春秋时代的传统残余，一方面因为列国竞争下人才的居奇，所以君主对臣下仍有相当的敬意。但这种尊敬只能说是手段，并不是理所当然的事。秦汉统一，情势大变，君主无须再存客气，天下万民的生命财产在皇帝前都无保障。由人类开化以来，古有阶级分明的权利政治与全民平等的独裁政治。此外，除于理想家的想象中，人类并未发现第三种可能的政治。一切宪法的歧异与政体的花样不过都是门面与装饰品而已。换句话说，政治社会生活总逃不出多数（平民）为少数（特权阶级）所统治或全体人民为一人所统治的两种方式。至于孰好孰坏，只能让理想家去解决。

皇帝既然如此崇高，臣民既然如此卑微，两者

◆居奇：视为奇货留之以待善价。

第二课　历史文化

几乎可说不属于同一物类。臣民若属人类，皇帝就必属神类。汉代的皇帝以至后妃都立庙祭祀。高帝时令诸侯王国京都皆立太上皇庙（《汉书》卷七十三《韦玄成传》）。高帝死后惠帝令郡国诸侯各立高祖庙，以岁时祠（《史记》卷八《高祖本纪》）。惠帝尊高祖庙为太祖庙，景帝尊文帝庙为太宗庙，行所尝幸郡国各立太祖太宗庙。宣帝又尊武帝庙为世宗庙，行所巡狩皆立世宗庙。至西汉末年，祖宗庙在68郡国中共167所。长安自高祖至宣帝以及太上皇悼皇考（宣帝父）各自居陵立庙旁，与郡国庙合为176所。又园中各有寝便殿。日祭于寝，月祭于庙，时祭于便殿。寝，每日上食四次。庙，每年祭祀25次。便殿，每年祠四次。此外又有皇后太子庙30所。总计每岁的祭祀，上食24455份，用卫士45129人，祝宰乐人12147人（《汉书》卷七十三《韦玄成传》）。皇帝皇室的神化可谓达于极点！

不只已死的皇帝为神，皇帝生时已经成神，各自立庙，使人崇拜。文帝自立庙，称顾成庙。景帝自立庙，为德阳。武帝生庙为龙渊，昭帝生庙为徘徊，宣帝生庙为乐游，元帝生庙为长寿，成帝生庙为阳池（《汉书》卷四《文帝纪》四年注）。

皇帝皇室的庙不只多，并且祭祀的礼节也非常繁重，连专司宗庙的官往往也弄不清，因而获罪（《汉书》卷七十三《韦玄成传》）。繁重的详情已不可考，但由上列的统计数目也可想见一个大概。这种神化政策，当时很遭反对。详情我们虽然不知，反对的人大概不是儒家根据古礼而反对，就是一般

◆岁时：一年的四时节令。

◆巡狩：帝王离开国都巡行境内。

◆皇考：古代称曾祖为"皇考"。
◆便殿：古时皇帝休憩闲宴的地方，区别于正殿。

◆祝宰：古代司祭祀礼仪者。
◆乐人：古代掌管音乐的官吏。

105

◆ "高后……弃市"意为：高后时担心臣子们妄自非议先君先祖的宗庙陵寝园邑，所以制定法令，有敢擅自非议的在闹市处死。

◆ 王允：此处应为"王充"，东汉思想家。著有《论衡》。

人不愿拿人当神看待而反对。所以"高后时患臣下妄，非议先帝宗庙寝园官，故定著令，敢有擅议者弃市"（同上）。这种严厉的禁令直到元帝毁庙时方才取消。

这种生时立庙、遍地立庙的现象，当然是一种政策，与宗教本身关系甚少。古代的政治社会完全崩溃，皇帝是新局面下唯一维系天下的势力。没有真正阶级分别的民众必定是一盘散沙，团结力日渐减少以至于消灭。命定论变成人心普遍的信仰，富贵贫贱都听天命，算命看相升到哲学的地位（王允《论衡·途遇篇》《累害篇》《命禄篇》《偶会篇》《治期篇》《命义篇》《骨相篇》《初禀篇》，王符《潜夫论·正列篇》《相列篇》，荀悦《申鉴·俗嫌篇》）。这样的民族是最自私自利、最不进取的。别人的痛苦与自己无关，团体的利害更无人顾及，一切都由命去摆布。像墨子那样极力非命的积极人生观已经消灭，现在只有消极怠惰的放任主义。汉代兵制之由半征兵制而募兵制，由募兵以至于无兵而专靠羌胡兵（《汉书》卷一《高帝纪下》注，卷七《昭帝纪》注，《后汉书》卷一下《光武帝纪下》建武七年正文及注，卷五十三《窦宪传》），是人民日渐散漫，自私自利心发达，命定论胜利的铁证。现在只剩皇帝一人为民众间的唯一连锁，并且民众间是离心力日盛、向心力日衰的，所以连锁必须非常坚强才能胜任。以皇帝为神，甚至生时即为神，就是加强他的维系力的方法。天下如此之大，而皇帝只有一人，所以皇帝、皇室的庙布满各地是震慑人心的一个巧妙办法。经过西汉二百年的训练，一般人民对于皇帝的态度真与敬鬼神的心理相同。皇帝的崇拜根深蒂固，经过长期的锻炼，单一的连锁已成纯钢，内在的势力绝无把它折断的可能。若无外力的强烈压迫，这种皇帝政治是永久不变的。

不过这种制度不是皇帝一人所能建立，多数人民如果反对，他必难成功。但这些消极的人民即或不拥护，最少也都默认。五德终始说与封禅主义是一种历史定命论。到汉代这种信仰的势力愈大，大家也都感觉到别无办法，只有拥戴一个独裁的皇帝是无办法中的办法。他们可说都自愿地认皇帝为天命的统治者。后代真龙天子与《推背图》的信仰由汉代的谶纬都可看出（《汉书》卷九十九《王莽传》，《后汉书》卷一《光武帝纪》）。所以皇帝的制度可说是由皇帝的积极建设与人民的消极拥护所造成的。

（选自《雷海宗文集》）

◆《推背图》：相传为唐贞观年间李淳风和袁天罡所撰。凡六十图像，每像之下有谶语，"预言"后代兴亡变乱之事。

◆谶纬：谶书和纬书的合称，为神学说。

延展阅读

过秦论
[西汉] 贾谊

【原文】

秦孝公据崤函之固，拥雍州之地，君臣固守以窥周室，有席卷天下，包举宇内，囊括四海之意，并吞八荒之心。当是时也，商君佐之，内立法度，务耕织，修守战之具，外连衡而斗诸侯。于是秦人拱手而取西河之外。

孝公既没，惠文、武、昭襄蒙故业，因遗策，南取汉中，西举巴、蜀，东割膏腴之地，北收要害之郡。诸侯恐惧，会盟而谋弱秦，不爱珍器重宝肥饶之地，以致天下之士，合从缔交，相与为一。当此之时，齐有孟尝，赵有平原，楚有春申，魏有信陵。此四君者，皆明智而忠信，宽厚而爱人，尊贤而重士，约从离衡，兼韩、魏、燕、楚、齐、赵、宋、卫、中山之众。于是六国之士，有甯越、徐尚、苏秦、杜赫之属为之谋，齐明、周最、陈轸、召滑、楼缓、翟景、苏厉、乐毅之徒通其意，吴起、孙膑、带佗、倪良、王廖、田忌、廉颇、赵奢之伦制其兵。尝以十倍之地，百万之众，叩关而攻秦。秦人开关延敌，九国之师，逡巡而不敢进。秦无亡矢遗镞之费，而天下诸侯已困矣。于是从散约败，争割地而赂秦。秦有余力而制其弊，追亡逐北，伏尸百万，流血漂橹；因利乘便，宰割天下，分裂山河。强国请服，弱国入朝。延及孝文王、庄襄王，享国之日浅，国家无事。

及至始皇，奋六世之余烈，振长策而御宇内，吞二周而亡诸侯，履至尊而制六合，执敲扑而鞭笞天下，威振四海。南取百越之地，以为桂林、象郡；百越之君，俯首系颈，委命下吏。乃使蒙恬北筑长城而守藩篱，却匈奴七百余里；胡人不敢南下而牧马，士不敢弯弓而报怨。于是废先王之道，焚百家之言，以愚黔首；隳名城，杀豪杰；收天下之兵，聚之咸阳，销锋镝，铸以为金人十二，以弱天下之民。然后践华为城，因河为池，据亿丈之城，临不测之渊，以为固。良将劲弩守要害之处，信臣精卒陈利兵而谁何。天下已定，始皇之心，自以为关中之固，金城千里，子孙帝王万世之业也。

始皇既没，余威震于殊俗。然陈涉瓮牖绳枢之子，氓隶之人，而迁徙之徒也；才能不及中人，非有仲尼、墨翟之贤，陶朱、猗顿之富；蹑足行伍之间，而倔起阡陌之中，率疲弊之卒，将数百之众，转而攻秦；斩木为兵，揭竿为旗，天下云集响应，赢粮而景从。山东豪俊遂并起而亡秦族矣。

且夫天下非小弱也，雍州之地，崤函之固，自若也。陈涉之位，非尊于齐、楚、燕、赵、韩、魏、宋、卫、中山之君也；锄櫌棘矜，非铦于钩戟长铩也；谪戍之众，非抗于九国之师也；深谋远虑，行军用兵之道，非及乡时之士也。然而成败异变，功业相反，何也？试使山东之国与陈涉度长絜大，比权量力，则不可同年而语矣。然秦以区区之地，致万乘之势，序八州而朝同列，百有余年矣；然后以六合为家，崤函为宫；一夫作难而七庙隳，身死人手，为天下笑者，何也？仁义不施而攻守之势异也。

【译文】

秦孝公占据着崤山和函谷关的险固地势，拥有雍州的土地，君臣牢固地守卫着，借以窥视周王室（的权力）。（秦孝公）有席卷天下，包办天宇之间，囊括四海的意图，并统天下的雄心。正当这时，商鞅辅佐他，对内建立法规制度，从事耕作纺织，修造防守和进攻的器械；对外实行连横策略，使诸侯自相争斗。因此，秦人轻而易举地夺取了黄河以西的土地。

秦孝公死了以后，惠文王、武王、昭襄王承继先前的基业，沿袭前代的策略，向南夺取汉中，向西攻取巴、蜀，向东割取肥沃的土地，向北占领非常重要的地区。诸侯恐慌害怕，集会结盟，商议削弱秦国。不吝惜奇珍贵重的器物和肥沃富饶的土地，用来招纳天下的优秀人才，采用合纵的策略缔结盟约，互相援助，成为一体。在这个时候，齐国有孟尝君，赵国有平原君，楚国有春申君，魏国有信陵君。这四位封君，都见识英明有智谋，诚恳而讲信义，待人厚道而爱惜人民，尊重贤才而重用士人，以合纵之约击破秦的连横之策，联合韩、魏、燕、楚、齐、赵、宋、卫、中山的军队。在这时，六国的士人，有宁越、徐尚、苏秦、杜赫等人为他们出谋划策，齐明、周最、陈轸、召滑、楼缓、翟景、苏厉、乐毅等人沟通他们的意见，吴起、孙膑、带佗、倪良、王廖、田忌、廉颇、赵奢等人统率他们的军队。他们曾经用十倍于秦的土地，上百万的军队，攻打函谷关，进而攻打秦国。秦人打开函谷关口迎战敌人，九国的军队有所顾虑徘徊不敢入关。秦人没有一兵一卒的耗费，然而天下的诸侯就已窘迫不堪了。因此，纵约失败了，各诸侯国争着割地来贿赂秦国。秦有足够的力量趁他们困乏而制服他们，追赶逃走的败兵，百万败兵横尸道路，流淌的血液可以漂浮盾牌。秦国凭借这便利的形势，割取天下的土地，重新划分山河的区域。强国主动表示臣服，弱国入秦朝拜。

及至孝文王、庄襄王，二人统治的时间不长，秦国并没有什么大事发生。

第二课 历史文化

到始皇的时候，发展六世遗留下来的功业，以武力来统治各国，将东周、西周和各诸侯国统统消灭，登上皇帝的宝座来统治天下，用严酷的刑罚来奴役天下的百姓，威风震慑四海。秦始皇向南攻取百越的土地，把它划为桂林郡和象郡，百越的君主低着头，颈上捆着绳子（愿意服从投降），把性命交给司法官吏。秦始皇于是又命令蒙恬在北方修筑长城，守卫边境，使匈奴退却七百多里；胡人不敢到南边来放牧，勇士不敢拉弓射箭来报仇。秦始皇接着就废除古代帝王的治世之道，焚烧诸子百家的著作，以使百姓愚蠢；毁坏高大的城墙，杀掉英雄豪杰；收缴天下的兵器，集中在咸阳，销毁兵刃和箭头，冶炼它们铸造十二个铜人，以便削弱百姓的反抗力量。然后凭借华山为城墙，依据黄河为城池，凭借着高耸的华山，往下看着深不可测的黄河，认为这是险固的地方。好的将领手执强弩，守卫着要害的地方，可靠的官员和精锐的士卒，拿着锋利的兵器，盘问过往行人。天下已经安定，始皇认为这关中的险固地势、方圆千里的坚固的城防，是子子孙孙称帝称王直至万代的基业。

始皇去世之后，他的余威（依然）震慑着边远地区。可是，陈涉不过是个破瓮做窗户、草绳做户枢的贫家子弟，是氓、隶一类的人，（后来）做了被迁谪戍边的卒子；才能不如普通人，并没有孔丘、墨翟那样的贤德，也不像陶朱、猗顿那样富有。（他）跻身于戍卒的队伍中，从田野间突然奋起发难，率领着疲惫无力的士兵，指挥着几百人的队伍，掉转头来进攻秦国，砍下树木作武器，举起竹竿当旗帜，天下豪杰像云一样聚集，回声似的应和他，许多人都背着粮食，如影随形。崤山以东的英雄豪杰于是一齐起事，消灭了秦的家族。

况且那天下并没有缩小削弱，雍州的地势，崤山和函谷关的险固，还保持原来的样子。陈涉的地位，不比齐、楚、燕、赵、韩、魏、宋、卫、中山的国君更加尊贵；锄头木棍也不比钩戟长矛更锋利；那迁谪戍边的士兵也不能和九国军队抗衡；深谋远虑，行军用兵的方法，也比不上先前九国的武将谋臣。可是条件好的失败而条件差的成功，功业完全相反，为什么呢？假使拿东方诸侯国跟陈涉比一比长短大小，量一量权势力量，就更不能相提并论了。然而秦凭借着并不广袤的土地，发展到兵车万乘的国势，管辖全国，使六国诸侯都来朝见，已经一百多年了；这之后把天下作为家业，用崤山、函谷关作为自己的内宫；陈涉一人起义国家就灭亡了，秦王子婴死在别人（项羽）手里，被天下人耻笑，这是为什么呢？就因为不施行仁政而使攻守的形势发生了变化啊。

论修明政治的途径

主讲人 张荫麟

　　修明政治有两个途径。一是着眼在政治本身，从政治本身下手；一是着眼在政治弊端所依据的其他社会现象，而从这些政治以外的社会现象下手。前者可说是治标的途径，后者可说是治本的途径，当然治标和治本是可以双管齐下的。

　　先说前者。政治现象的最后因素，不外二者，曰人，曰法。从政治本身去修明政治，就是从用人、立法和执法上去修明政治。从前有人问陆象山，假如一旦以国事相付托，有何办法？象山答道，有，就是八个字："任贤使能，赏功罚罪。"任贤使能是用人之事，赏功罚罪是立法执法的事。（立法可视为给功罪下界说，为赏罚的前提。）任与使有别，任重而使轻。非贤不可任，能而非贤亦可使。这八个字所代表的四件事，都是政治上的老生常谈。象山的话的新颖处，只在他认为这八个字便尽政治的能事。我们现在可以更补充一句道：从政治本身去修明政治，这八个字的确已尽政治的能事。

　　"任贤使能，赏功罚罪"，既然是现在我国任何从政的人都会见到，都会说出的，为什么现在我国政治的实践离这八个字还很远呢？

◆陆象山（1139—1193）：即陆九渊。南宋理学家、教育家。因曾结茅讲学于象山（今江西贵溪西南），人称"象山先生"。

◆任使：差遣；任用。

◆赏擢：赏赐、擢升。
◆无次：没有秩序；没有章法。

◆"尊其……亲亲"意为：尊崇亲族的地位，提高他们的俸禄……这是尽力亲爱亲族的方法。

◆内举不避亲：选拔人才对内不回避亲属。
◆整饬：整顿。
◆Nepotism：裙带关系。
◆"风兴……下效"：风兴草偃比喻上位者以德化民之效，后亦指德行崇高者对世人的影响。上行下效意为在上者怎样做，在下者就照着样子做。
◆《大学》：儒家经典。原是《礼记》的一篇，宋代从《礼记》中把它抽出，与《论语》《孟子》《中庸》合为"四书"。

这八个字又可以总括为一个字，曰"公"。任使而公，则所任所使必是贤能。赏罚而公，则所赏者必是有功，而有功必赏，所罚者必是有罪，而有罪必罚。什么是公，把政事本身当作一目的，而不把他当作达到任何个人目的的手段，这便是公。

公的反面是私。任使而私，则赏罚亦随之而不得不私。任使而私，则赏擢无次而罚禁不行，赏擢无次而罚禁不行，则法律制度一切扫地。什么是私，把政事当作达到任何个人目的或满足任何个人欲望（或个人的亲属的欲望）的手段，这便是私。儒家所主张的"尊其位，重其禄……以劝亲亲"的家庭主义，便是中国传统思想中奖私害公的政治毒药。但儒家所要劝的亲亲似乎还不过只涉宗族。人生的大私，尚莫如男女之事。政治之事假若和男女之事搅在一起，则政治永远没有清明的希望。

有人问：古人也说，"内举不避亲"，难道这句话没有一点真理？答道：有，看在什么时代，处什么地位，在纪纲确立、法度整饬的时代，在下位的人，内举不避亲是应当的。但在一个"匿抱提谌"（Nepotism）已经风靡一世的时代，主持气运的人，为树范矫枉计，在用人上岂独应当"避亲"，简直应当"断六亲"，否则"风兴草偃，上行下效"，更加上经典的护符，大家理直气壮地以国事为家事，以家事为国事，政治便不可问了。

私是一念。去私是诚意正心的事。《大学》[1]

---

[1] 见课后延展阅读：《大学之道》。

以**诚意正心**为治国平天下的根本，就从政治本身去修明政治而论，这有**不磨**的真理。幸而**三纲领、八条目**现在已挂在人人的嘴边了。但我们不要忘记王阳明先生的话："知"而不行，只是不知。

但是，仅只从政治本身去修明政治是不够的。政治不是孤立的社会现象，他是和其他的社会现象相关联，受其他的社会现象所制约的。许多政治的弊病是植根于其他某些社会现象，必待其他某些社会现象改变了，方能彻底消除的。

现在大家所最为**蹙额疾首**的政治弊病岂不是贪污？我以为中国政治的根本症候，不是贪污，而别有在。这中国政治的根本症候，吾无以名之，强名之曰"政府的瘫痪"。贪污只是这症候的外征之一而已。什么是政治的瘫痪？上层的意志无法贯彻于下层；法令每经一度下行，便打一次折扣，甚则"损之又损，以至于无"；一切政治上的兴作和运动有形式而无精神，多耗费而少功效；**巨蠹**重弊，在上的人知之甚明而不能禁，禁之严而不能绝；这便是政治的瘫痪。

政治的瘫痪，主要的原因是在整个政治机构里，上层人员和下层人员之间，精神上脱节。而这精神上的脱节主要的原因，是上下层之间生活的甘苦差别太大。政治瘫痪的程度与上下生活之甘苦差异的程度及最下一层之苦的程度成正比例。必上下生活一致（至少大致一致），才会上下一心。但在我国每一个政府的机关里的人员，都可分为三类。一、**老爷**之类，二、**书办**之类，三、差役之类。这

◆诚意正心：儒家用语。指一种内心道德修养。

◆不磨：不可磨灭。

◆三纲领、八条目：三纲领为明明德、亲民、止于至善；八条目为格物、致知、诚意、正心、修身、齐家、治国、平天下。

◆蹙，cù。蹙额疾首：皱着眉头，露出痛苦或忧愁、愤恨的表情。

◆蠹，dù。巨蠹：大蛀虫，比喻祸国殃民的大奸人。

◆老爷：旧时对官吏的称呼。

◆书办：管办文书的属吏。亦泛指掌管文书翰墨的人。

三类人，无论在经济上，在社会地位上，在精神价值上，都有天渊之别。抗战以来，因为货币的贬值，书办之类和差役之类在经济地位上的差异几乎泯灭了，因而他们的社会地位上的差别也几乎泯灭了。现在我们可以把这三类约为两类，一是"有"的一类，即老爷之类；一是"无"的一类，即书办和差役之类。无论在物质享受上，在社会地位上，在个人的尊严上，老爷之类有一切而书办和差役之类（除作弊者外）无一切。老爷天天对书办和差役训话，讲道德，说主义，要他们尽忠，要他们牺牲。然而老爷训话完了，坐汽车回到广厦华堂里，享香港用飞机运来的珍馐，赏洛阳用飞机运来的牡丹。书办和差役（作弊的除外），听训完了，回到寒冷的家里，对着衣不暖食不饱的妻孥。这种情形老爷也许不觉，书办和差役是知得清清楚楚的。在这种情形之下，老爷的训话，对如书办和差役岂能不如"东风之逆马耳"？况且在衙门里，在老爷面前，书办和差役根本没有人的尊严，根本不能"堂堂地做个人"。在以上所说的物质和精神的条件之下，他们怎会有一点"敬业"之心，我们不要小视书办和差役之类的人员。他们占整个政治机构里的人员的大多数，他们是整个政治机构的手足和爪牙，他们是政治的干部，未有这类人员不能"敬业"而政治能够修明的。

修明政治的一个基本问题，是平均上层政治人员和下层政治人员的生活水准。至少大大减少两者间的距离。这有两条路，一是提高下层政治人员

◆珍馐：贵重珍奇的食品。

◆孥，nú。妻孥：妻子儿女的统称。

◆东风之逆马耳：化用"东风吹马耳"这一成语。意思是把别人的话当作耳边风，就像东风吹过马耳一样。强调对他人的话语、劝告或警示不在意、不重视的态度。

的生活水准，二是降低上层政治人员的生活水准。前者直接是财政的问题，间接是整个经济机构的问题。后者是上层统治者的人生观的问题。这两个问题都不是从政治本身所能解决的。

（选自《张荫麟全集》）

延展阅读

大学之道

节选自《礼记·大学》

【原文】

大学之道，在明明德，在亲民，在止于至善。知止而后有定，定而后能静，静而后能安，安而后能虑，虑而后能得。物有本末，事有终始，知所先后，则近道矣。

古之欲明明德于天下者，先治其国。欲治其国者，先齐其家。欲齐其家者，先修其身。欲修其身者，先正其心。欲正其心者，先诚其意。欲诚其意者，先致其知。致知在格物。物格而后知至，知至而后意诚，意诚而后心正，心正而后身修，身修而后家齐，家齐而后国治，国治而后天下平。自天子以至于庶人，壹是皆以修身为本。

【译文】

大学的宗旨在于弘扬光明正大的品德,学习和应用于生活,使人达到最完善的境界。

知道应达到的境界才能够志向坚定;志向坚定才能够镇静不躁;镇静不躁才能够心安理得;心安理得才能够思虑周详;思虑周详才能够有所收获。

每样东西都有根本有枝末,每件事情都有开始有终结。明白了这本末始终的道理,就接近事物发展的规律了。

古代那些要想在天下弘扬光明正大品德的人,先要治理好自己的国家;要想治理好自己的国家,先要管理好自己的家庭乃至家族;要想管理好自己的家庭乃至家族,先要修养自身的品性;要想修养自身的品性,先要端正自己的心思;要想端正自己的心思,先要使自己的意念真诚;要想使自己的意念真诚,先要使自己获得知识;获得知识的途径在于认识、研究万事万物。

通过对万事万物的认识、研究后才能获得知识;获得知识后意念才能真诚;意念真诚后心思才能端正;心思端正后才能修养品性;品性修养后才能管理好家庭乃至家族;管理好家庭乃至家族后才能治理好国家;治理好国家后天下才能太平。

上自国家元首,下至平民百姓,人人都要以修养品性为根本。

古代中国的外交

主讲人 雷海宗

古往今来所有的高等文化，于封建制度过去之后，大一统的帝国出现之前，都有五六百年的列国并立时代。各国对内统一，对外争衡，在此种的国际局面下就自然地产生了外交，真正的外交也只限于这个文化阶段。由公元前650年左右到100年左右罗马帝国的成立，是希腊罗马文化的列国时代。关于当时的外交，史料虽然不多，但仍值得今日研究外交史与外交术的人去参考。印度的封建时代，普通称为吠陀时代，于公元前850年左右结束，由此到公元前321年孔雀王朝的统一帝国成立，是印度的列国时代，只可惜这一大段的政治史与外交史已几乎全部失传。欧西由16世纪初宗教改革时起，进入列国，这个阶段至今尚未结束，它的外交史与外交术仍是目前活的问题，外交业者与外交学者当然对它特别注意。中国古代的春秋、战国，前后五百五十年，也是同样的一个列国阶段，外交术甚为发达，外交史的材料传于后世的也不少于希腊罗马。外交史，说来话长，但春秋、战国的外交术，虽至今日也不显得陈腐，颇有一谈的价值。

◆100年：指公元前100年。

◆"公元……成立"：孔雀王朝的创建时间，除公元前321年，尚有公元前324年一说。

◆陈腐：形容事物或思想陈旧腐朽。

一、春秋时代

外交各以本国的利益为出发点，而国与国间情形复杂，不似个人的关系可以比较地开诚布公，所以任何时任何地的外交都不免有欺诈的成分。但一般说来，春秋时代的外交，尚相当地坦白，欺诈的事例并不太多。外交注重辞令。外交的辞令，由好的方面言，是一种说话得体的艺术：不轻不重，不多不少，不倨不卑，而把自己的意愿能够彻底地表达，方为理想的外交辞令[1]。由坏的方面言，外交辞令也可说是一种撒谎的艺术：以非为是，以是为非，而能持之有故，言之成理，把对方完全蒙蔽，或使对方明知为欺诈而不能反驳，方为外交扯谎的上乘。

春秋时代最出名的一篇颠倒是非的外交辞令，大概要算成公十三年（公元前578年）晋使吕相绝秦的那篇绝交书。书中先责七十年前秦公败晋惠公于韩原的事。韩原之败，实乃由晋自招；惠公原许割地与秦，中途变卦，才引起战事。二，吕相又言晋文公报秦穆公扶立之德，曾使东方诸侯朝秦。这是绝无其事的谎言。三，又言僖公三十年郑侵秦，晋文公曾率诸侯与秦围郑。实则晋因郑暗中与楚勾结，才去伐郑，与秦全不相干。四，责秦于此项战役中，暗里与郑请和。此点是事实。五，言诸侯都怒秦单独请和，将伐秦，而由晋文公制止。绝无其

◆ 倨：傲慢。

◆ 吕相：也称"魏相""吕宣子"。魏锜之子。晋曾邀齐、鲁、宋、卫、郑等国伐秦，战前，吕相奉命出使秦国宣告绝交，列举秦穆公以后秦伐晋的罪状，对秦加以责难。

◆ 秦公（？—前621）：即秦穆公，春秋时秦国国君。德公之子，宣公、成公之弟。

◆ 晋惠公（？—前637）：春秋时晋国国君，名夷吾，献公之子。晋献公死后，诸公子争位，逃亡在外的公子夷吾以割地为酬求秦助其回国，秦联齐助其返晋即位，是为晋惠公。夷吾即位后却不兑现承诺割地，于是秦、晋交战于韩原。

◆ 韩原：古地名。一说在今陕西韩城市西南，一说在今山西芮城。

◆ 晋文公（前697或前671—前628）：春秋时晋国国君，名重耳，献公之子。晋惠公死后晋怀公即位，但不得人心，重耳由秦国发兵护送回晋，杀怀公后即位。

---

[1] 见课后延展阅读：《唐雎不辱使命》。

事。六，责秦穆公于晋文公死后，袭郑灭滑。是事实。七，谓晋襄公因郑、滑之事，不得已而攻秦于殽。这虽是事实，却全为自解之辞。八，责秦于此后联楚攻晋。是事实。九，责秦康公要强立晋公子雍为晋侯，"欲阙翦我公室，倾覆我社稷，帅我蟊贼以来荡扫我边疆"。这真是欲加之罪，何患无辞；实际是晋国自动请秦把公子雍送回晋国即位，后来晋国又忽然反悔，将护送公子雍的秦军当为边寇，乘其不备而加以袭击！十，责秦此后屡次侵伐晋边。但这都是晋所自取。十一，责秦桓公攻晋。十二，责秦背河西之盟。十三，责秦联狄和楚，以便攻晋。最后三点，都是事实。总观这一篇外交通牒，虽非全无根据，但大体却是颠倒是非、歪曲事实之言。这可说是古今中外一切外交辞令的通例，在春秋时代这不过是一个显例而已。

除口头应对或文书来往的辞令外，春秋时还有一种特殊的辞令，就是赋诗。此时古诗集的种类大概很多，传到后世的《诗》三百篇只是其中的一种。赋诗也是一种艺术，非经严格的训练与练习不能胜任。对方赋诗，自己必须答赋，答赋必须恰当，否则必招人讥笑，有辱国家。赋诗时或赋全篇，或任择一二章，皆可随机应变。赋诗由乐工负责，外交人员不过发令指示而已。乐工一面奏乐，一面歌唱，乐歌并作。太复杂的交涉，或难用赋诗的方式去进行，但除普通的外交酬酢当然赋诗外，赋诗有时也可发生重大的具体作用。例如文公十三年（公元前614年）郑伯背晋降楚后，又欲归服

◆滑：古国名。曾建都滑（今河南睢县西北），后迁都费（今河南偃师西南），为秦所灭后归晋所有。

◆殽，yáo，古地名，在今河南三门峡市东。

◆"欲阙……边疆"意为：想削弱我们公室，颠覆我们国家，率公子雍回国争位扰乱我们边疆。

◆狄：古族名。春秋时由河西、太行山一带逐渐东徙，活动于齐、鲁、晋、卫、宋、邢等国之间，与诸国有频繁的接触。

于晋，适逢鲁文公由晋回鲁，郑伯在半路与鲁侯相会，请他代为向晋说情，两方的应答全以赋诗为媒介。郑大夫子家赋《小雅·鸿雁篇》，义取侯伯哀恤鳏寡，有远行之劳，暗示郑国孤弱，需要鲁国哀恤，代为远行，往晋国去关说。鲁季文子答赋《小雅·四月篇》，义取行役逾时，思归祭祀；这当然是表示拒绝，不愿为郑国的事再往晋一行。郑子家又赋《庸风·载驰篇》之第四章，义取小国有急，想求大国救助。鲁季文子又答赋《小雅·采薇篇》之第四章，取其"岂敢定居，一月三捷"之句，鲁国过意不去，只得答应为郑奔走，不敢安居。郑伯见请求成功，于是就向鲁侯下拜，表示谢意。鲁侯赶忙答拜还礼。这俨然是做戏，却也是富有内容的一段变相的外交辞令。

两国绝交，当然是施展辞令的大好机会。在一般无关重要的外交场合中，辞令的润饰也很重要。但若逢到真正严重的交涉时，普通是先私下做一番非正式谈商的功夫，并且大多是由次要的人物出面。待大体商定之后，主角才出台做戏，在正式的会议中表演一套冠冕堂皇的辞令而已。襄公二十七年（公元前546年）的向戌弭兵之会，是此种办法的最好例证。弭兵会议的两个主角是晋中军将赵武与楚令尹子木。会场在宋的首都商丘，宋左师向戌是当然的主人。赵武虽先到会，子木却停留于陈国，不肯与赵武太早地会面，以免两大相逢，或将因摩擦过甚而演成僵局。向戌于是就成了中间的传话人，先到陈会见子木，子木非正式地向向戌提议：

◆子家：郑国的执政大夫公子归生，字子家。
◆"义取……之劳"：指诸侯之长应当怜悯同情那些无妻或丧妻的男子以及丧夫的女子，还有因出征在外而劳苦的人。
◆关说：代人陈说；替人说好话。
◆季文子（？—前568）：春秋时鲁国执政。
◆"义取……祭祀"：指因为服劳役的时间过长，从而产生了想要回家祭祀的念头。
◆《庸风·载驰篇》：应为《鄘风·载驰篇》。

◆向戌弭兵之会：向戌，春秋时宋国执政，曾任左师；弭兵，息兵；停止战争。春秋后期，晋、楚两大国国内矛盾尖锐，拟暂停争霸，共同讨伐其他国家，宋国执政华元、向戌先后两次奔走召开弭兵之会。

第二课　历史文化

"请晋楚之从，交相见也。"就是说，晋的附属小国也要朝见楚王，楚的附属小国也要朝见晋侯，作为晋楚两国不再用兵争取中原小国的条件。向戌回宋，报告赵武。赵武对此并不反对，但另外提出齐秦两国的问题，提议算齐为晋的属国，算秦为楚的属国，秦也要朝晋，齐也要朝楚。赵武这是故意给楚国出一个难题目去做。因为齐国四十年前为晋大败，齐侯曾亲自朝晋，算齐为晋的属国，还勉强可以说通。但晋秦是世仇，秦绝不肯低声下气地去朝晋。并且秦楚两国虽然一向国交亲密，秦并不附属于楚，楚也绝不能命令秦去朝晋。向戌又往陈国转达赵武的意见，子木不能决，遣人回国向王请示。楚王倒很干脆，决定说："释齐秦，他国请相见也。"向戌又回宋，赵武也就不再故意为难，接受了楚王的决意。一切既定之后，赵武与楚国已经到宋的次要人物子哲先非正式地定盟，以免正式会议时再有条文的争讼。至此，子木始到宋赴会。

　　正式会议本当顺利，不意却又发生了意外的问题。晋楚争先，两国都要主盟。前此的国际会议，或由晋召聚，或由楚召聚，两大国向未在国际盟会中逢面。晋召会，当然晋主盟；楚召会，当然楚主盟。主盟，做主席，有两种权利。第一，先书盟：会议中所定的正式盟约用牺牲的血写在竹简上，约中要列与会各国的国名，主席的国名当然写在第一位。第二，主席先歃血：盟约写定之后，主席先读一遍，然后以盘中的牲血涂在口边，表示请鬼神为盟约的证人，这就是所谓歃血为盟，意义与今日的

◆ 争讼：因争论而诉讼。

- "晋固……者也"
意为：晋国本来是诸侯的盟主，从来没有在晋国之前歃血的。
- "子言……在晋？"
意为：你说晋国和楚国的地位平等。如果晋国总在前，就是楚国比晋国弱。而且晋国和楚国交换主持诸侯结盟已经很久了，难道专门由晋国主持？
- 坛坫：诸侯盟会的场所。
- "天祸……如之！"
意为：上天降祸于郑国，让我国夹于两个大国之间，大国不对我们友好，反而以战乱逼迫结盟，使我们的鬼神不能得到祭祀，我们的人民不能享受土地出产之物，男女都辛苦羸弱，无处哭诉。今日结盟以后，郑国如果不服从强大得以保护我们的国家，反而有别的打算，也如同这份盟书所记的一样遭报应。
- "昭大……叛也！"
意为：已经昭告神明，条文要是可以改动，大国也就可以背叛了。

签字一样。盟主之后，列国顺序歃血。现在晋楚同时在场，主席的问题大感困难。晋国的代表说："晋固为诸侯盟主，未有先晋者也。"楚人说："子言晋楚匹也。若晋常先，是楚弱也。且晋楚狎主诸侯之盟也久矣，岂专在晋？"两方各执一词，皆能言之成理，一群小国都不敢发表意见，根本也不知应当如何调解。最后还是晋国的叔向提出一个妥协的办法，就是在写盟约时先晋后楚，歃血为盟时先楚后晋，两方都接受了这个提议，弭兵之会才算是顺利地结束。

大国与小国的关系，难以完全平等的。盟约称为载书，当时有许多的载书可说是不平等的条约。但春秋时代国际间还未发展到蛮不讲理的阶段，小国若有智胆兼备的外交家，在坛坫之上往往可以与大国抗衡。例如襄公九年（公元前564年）晋与诸侯盟郑于戏，晋卿士弱为载书，写道："自今日既盟之后，郑国而不唯晋命是听而或有异志者，有如此盟！"郑国的代表子驷认为如此的条文侮人太甚，于是趋前在载书上加写了一条："天祸郑国，使介居二大国之间，大国不加德音，而乱以要之，使其神鬼不获歆其禋祀，其民人不获享其土利，夫妇辛苦垫隘，无所底告。自今日既盟之后，郑国而不唯有礼与强可以庇民者是从而敢有异志者，亦如之！"晋方的荀偃大怒，说："改载书！"要把郑国后加的条文删去。郑方的子展说："昭大神，要言焉，若可改也，大国亦可叛也！"这句话说得非常厉害，晋国辞穷，无法可想，只有听任载书保留

第二课　历史文化

前后矛盾的两种条文。这大概是古今中外所未再有的一种奇特条约！（以上各节，俱见《左传》）

总观春秋外交的各种情形，欺诈的作用虽不能免，但大体还是有规则，讲道理，重礼节的国际交往周旋的一种方式。一进战国，情形大变。国际的局面骤然紧张，外交也就随着根本变质了。

二、战国时代

战国初期的百年间，由吴越战争到商鞅变法，是一个大革命的时期。革命的详细经过，今日已不可考，但革命的结果我们看得很清楚。各国都变成国君一人专制独裁的国家，扩充领土变成列强的最高国策。各国都成了帝国主义的国家，都想吞并邻国，最后统一天下。战争之外，外交，无所不用其极的外交，也是达到此种目的的一种手段。春秋时代比较坦白的外交已不再见，纵横诈伪变成外交术的显著特征。春秋外交艺术之花的赋诗，无形消灭，可说是外交术彻底革命的象征。赋诗何时停止，难以稽考。《左传》中最后一次的赋诗，在昭公二十五年（公元前517年），正当孔子三十五岁左右的时候。但这不足为此后不再赋诗之证，最多只能表明赋诗之事的日渐稀少。孔子说："诵诗三百，授之以政，不达，使于四方，不能专对；虽多，亦奚以为？"（《论语·子路篇》）所谓"使于四方，不能专对"，就是指出使外国时赋诗而言，可见当孔子时赋诗仍相当地普遍，孔子教授弟子学诗的一个

◆诈伪：虚伪欺诈。

◆稽考：查考。

◆"诵诗……以为？"意为：一个人熟读《诗经》，把政务交给他管理，他却搞不懂，派他出使到各国，他却不能独立应对；虽然读书多，又有什么用处呢？

重要目的，也就是希望他们将来从政时，若出使四方，能够专对。赋诗的传统，大概就在战国初期百年大乱的期间消灭。赋诗之事，象征春秋时代稳定安详悠闲自在的文化精神与国际空气。此种精神与空气，进到战国后已不复存在，无人再有闲情逸致去雍容赋诗。

《战国策》与《史记》所记载的纵横外交，乍看之下，好似是变幻万端，难以揣测。但若归纳研究，就可见在随机应变的运用之上，实有几条原则，一切的诈伪都逃不出它们的范围。

（1）利而忘义——绝对的信义，只能见于私人间的关系上，国际间当然不可能。但战国时代国际间信义扫地的程度，则远非春秋的士君子所能想象。例如韩齐二国会订军事同盟，约定患难相助。后来秦伐韩，韩派使臣往齐求援，齐王想要出兵解救时，齐臣田臣思说："王之谋过矣。不如听之。子哙与子之国，百姓不戴，诸侯弗与。秦伐韩，楚赵必救之。是天以燕赐我也。"齐王称善，于是应许韩的使臣立刻出兵，而实际按兵不动。楚赵为要维持均势，果然自动出兵救韩，齐国却乘着大家忙乱不堪的时机攻占燕国，把燕国临时灭掉（《战国策》卷九《齐策二》）。又有一次，齐秦二国强甲天下，秦约齐同时称帝，齐为东帝，秦为西帝。齐国想称帝，又怕天下各国不服，空招无趣，于是决定应许与秦同时称帝，而先观望不称，待秦国称帝之后，如果没有不利的反响，齐国再正式自加尊号，也不为迟；秦称帝，若国际的舆论不佳，齐就始终

◆雍容：形容态度大方，从容不迫。

◆田臣思：即田忌。也作"田期""田期思"，战国时齐将。

◆"王之……我也"意为：大王的打算错了，不如不加过问。燕王哙把国家让给子之，老百姓不拥戴，诸侯不赞同。秦军攻韩，楚、赵两国必定会去救援，这是上天把燕国赐给我们。

不动，免得与秦同被恶名。后来秦国果然上当，称帝不久就又羞答答地取消了尊号。这在战国时代算是秦国外交上一个小小的失败（《战国策》卷十一《齐策四》）。

齐攻宋，宋派使向楚求救，楚王满口答应，痛快非常。宋使回国途中，面带愁容，他的从人问他为何使命成功而不欢喜。使臣说："宋小而齐大，夫救于小宋而恶于大齐，此王之所忧也，而荆王悦甚，必以坚我。我坚而齐弊，荆之利也。"楚国果然失信，听宋为齐所败而不搭救（《战国策》卷三十二《宋卫策》）。

（2）贿赂内奸——买通敌对国家中意志薄弱，头脑不清，或思想复杂的分子，无事时可以泄漏情报，有事时可以捣乱响应，这是国际钩心斗角局面下的一种费力少而效用大的阴谋手法。贿买内奸，以人类大弱点的贪欲为起发点，秦对此点看得最清楚，秦相应侯有一次对秦王说："秦于天下之士，非有怨也，相聚而攻秦者，以己欲富贵耳。王见大王之狗，卧者卧，起者起，行者行，止者止，毋相与斗者。投之一骨，轻起相牙者；何则？有争意也。"（《战国策》卷五《秦策三》）这未免太小看了天下之士；不计私利而一心抗秦的人物，各国都有。但接受秦贿而出卖国家的人，的确也不算少。秦王政即位不久，出万金，令大阴谋家顿弱到各国去行贿，六国自将相以下都有被收买的人（《战国策》卷六《秦策四》）。秦国吞并天下，兵力之外，这是很重要的一个助力。秦国贿赂策略收效最大的

◆ "宋小……利也"意为：宋国小而齐国大，援救小国宋国而得罪强大的齐国，这是常人所担忧的，而楚王却表现得十分高兴，必然是坚定我抗齐的决心。我军与齐军硬顶，两败俱伤，这对楚国是很有利的。

◆ "秦于……意也"意为：天下的策士对秦国并没有什么仇怨，他们要合谋攻打秦国，不过是自己贪图富贵而已。大王看看您身边的狗吧，有的睡，有的起，有的跑，有的停，没有互相争斗的。如果扔出一根骨头，它们就会互相咬起来；为什么会这样？因为它们产生了争夺的念头啊。

◆后胜：战国末期齐王建之相。受秦厚贿，屡劝齐王建朝秦，不备战，不助五国御秦。

◆乐毅：战国时燕将。魏将乐羊后裔。

◆田单：战国时齐将。为国君远支宗亲。

◆"齐王……残矣"意为：齐湣王已死，没被攻克的齐国城池只不过两座而已。乐毅害怕被国君杀死而不敢回国，以攻打齐国为名，实际上是想在齐国称王。齐国人心还未归附，因此他拖延时间缓攻即墨，以便等待时机成熟再称王。齐国人最担心的是燕国派遣其他将领来，那样一来即墨城就必破无疑了。

◆长平之战：战国时秦国大败赵国的战役。从此赵国国势衰落。

◆"高垒……敌师"：在高处修筑堡垒、坚守不出的作战策略，使敌军因长期无法取得进展而疲惫不堪。

◆马服子：赵括乃马服君赵奢之子，所以称为"马服子"。

地方，就是齐国。齐相后胜暗中受了秦国的金玉，故意松弛齐国的武备，以致最后齐国在六国中成了唯一不抵抗而灭亡的国家（《战国策》卷十三《齐策六》）。

（3）流言反间——散布谣言蜚语，挑拨离间，拆散敌方领袖间的团结合作，也是一种失败也无大碍、成功可收奇效的外交攻势。燕将乐毅攻齐，下七十余城，除莒与即墨二地外，齐国全部沦陷，齐王亦死，真可谓国破家亡。田单守即墨，乐毅围攻甚急，适逢燕王死，新王为太子时即与乐毅失和，田单乘隙使人至燕散布流言："齐王已死，城之不拔者二耳。乐毅畏诛而不敢归，以伐齐为名，实欲南面而王齐。齐人未附，故且缓攻即墨，以待其事。齐人所惧，唯恐他将之来，即墨残矣。"新王果然中计，夺了乐毅的兵权。代将的人庸碌无能，不久就把乐毅征服的齐地全部丧失（《史记》卷八十二《田单列传》）。

长平之战，赵将廉颇采取高垒坚守以老敌师的策略。秦军屡次挑战，廉颇自计实力太弱，应战必然失败，所以始终不动。赵王以及国内一般浅见者流，多认为廉颇过度示弱，讥怨之声四起。秦使人往赵反间说："秦之所恶，独畏马服子赵括将耳。廉颇易与，且降矣。"赵括是善于纸上谈兵的军事家，名望甚高，而无真正的本领。但在舆论失常之下，赵王竟不顾一切，撤换了廉颇，使赵括代将。赵括贸然进攻，大败，赵军四十万人投降，全部为秦将白起所坑杀（《史记》卷七十三《白起列传》）。这

第二课　历史文化

个反间计，比田单所施用的还要厉害，田单的目的不过是去掉一个劲敌，秦人此次不只去掉一个莫可奈何的廉颇，并且还请来一位幼稚可怜的赵括，以便由秦彻底地解决。历史的教训，很少有人接受。三十年后，秦已灭韩，出兵围赵，赵将李牧、司马尚二人善用兵。秦军屡次失利，遂又用反间计，贿赂赵王的宠臣，使他乘间向赵王进谗，说李牧、司马尚与秦暗中有所勾结。这是贿买内奸与流言离间双管齐下的进攻，赵王居然听信了谗言，杀李牧，废司马尚。不久赵军大败，赵国亦亡（《战国策》卷二十一《赵策四》）。

战国末期，六国中唯一有胆有识的抗秦人物就是魏公子信陵君，天下知名，号召力甚大，组织六国的联军，屡次败秦。秦王出万金，在魏遍布流言："诸侯徒闻魏公子，不闻魏王，公子亦欲因此时定南面而王。诸侯畏公子之威，方欲共立之。"此外，秦的使臣又屡次向信陵君致贺，并问登位的日期。魏王当初虽然半信半疑，最后竟被说动，夺了公子的军权，魏以及六国的悲运从此也就注定了（《史记》卷七十七《信陵君列传》）。

小国间的鸡虫得失，有时也用反间。昌他由西周逃到东周，把西周的秘密全盘托出，东周大喜，西周大怒。西周于是派人与昌他送书，并附金三十斤，说："告昌他：事可成，勉成之；不可成，亟亡来。事久且泄，自令身死。"西周同时又使人告东周："今夕有奸人当入者矣。"东周的守兵当然捕得西周的送书人，东周君立刻杀掉昌他（《战国

◆ 李牧（？—前229）：战国末年赵将。长期防守赵的北边，甚得军心，曾因大败秦军，功封武安君。

◆ 进谗：向长辈或上级说别人的坏话。

◆ "诸侯……立之"意为：诸侯们只知道魏国有个魏公子，不知道还有个魏王，公子也要乘这个时机称王。诸侯们害怕公子的权势声威，正打算共同出面拥立他为王。

◆ 鸡虫得失：比喻无关紧要的细微得失。

◆ 昌他：战国时期西周人。

◆ "告昌……身死"意为：告诉你昌他：事情要能办成，就尽力办成；如果办不成，就立刻返回。时间长了事情就会败露，人就会白白送死。

◆ "今夕……者矣"意为：今晚有奸细要进入国境。

129

策》卷一《东周策》)！

（4）虚伪利诱——为达到自己的目的，以重利引诱他人，待目的达到之后，再设法把当初送人的利益收回，甚或实际的利益始终并未放手，待把握已定之后，再翻脸不认旧账，这也是国际纵横捭阖的一种秘诀。战国时代最有名的利诱例证，就是张仪骗楚怀王的故事。齐楚同盟，秦颇感受威胁，遂派张仪往楚游说，只要楚与齐绝，秦即无条件地割商于之地六百里与楚。楚怀王大喜，与齐绝交，并派人随张仪回秦受地。张仪回国，假醉坠车，称病不出。待秦已确知齐楚绝交之后，张仪才病愈上朝，告楚使说："子何不受地？从某至某，广袤六里。"使臣说："臣闻六百里，不闻六里。"张仪吃惊回答说："仪固以小人，安得六百里？"楚使回国，怀王大怒，伐秦，为秦所败，国防要地的汉中也为秦夺去（《战国策》卷四《秦策二》，《史记》卷四十《楚世家》）。后来秦攻韩，怕楚干涉，派冯章使楚，应许于战后将汉中割还楚国，楚国又二次听信了秦的甘言。战后，楚向秦索地，冯章自请出亡，秦于是把一切责任都推到冯章身上，说他未得秦王同意而擅自应许楚国割地的条件（《战国策》卷四《秦策二》）。又有一次，秦赵合攻魏国，魏国也以割地的厚利去诱骗赵国，赵国也利令智昏，退出战团，魏国的急围遂得解除。事过之后，魏国也把责任推到使臣身上，不肯割地（《战国策》卷二十四《魏策三》）。

利诱的把戏，有时可以玩得非常复杂。楚怀王

◆ 纵横捭阖：弱国联合进攻强国，称为"合纵"，随从强国去进攻其他弱国，称为"连横"，合称"合纵连横""纵横"；捭阖，开合。纵横和捭阖，是战国时策士游说诸侯的政治主张和方法。后指在政治、外交上运用手段进行联合或分化。

◆ 张仪（？—前309）：战国时魏国人。著名纵横家。先游说于楚，后入秦任秦相。

◆ 利令智昏：因贪利而失去理智，不辨一切。

的太子横在齐为质。怀王死，太子要回国即位。齐以楚割东方领土的所谓下东国五百里之地相要挟，否则不放太子。太子只得答应割地。回国即位，为楚襄王。齐要取地，襄王向群臣求计。子良说："王不可不与也。王身出玉声，许强万乘之齐而不与，则不信。后不可以约结诸侯。请与而复攻之。与之信，攻之武。臣故曰与之。"昭常说："不可与也。万乘者，以地大为万乘。今去东地五百里，是去战国之半也。有万乘之号，而无千乘之用也，不可。臣故曰勿与。常请守之。"景鲤说："不可与也。虽然，楚不能独守，臣请西索救于秦。"襄王最后问慎子，慎子说，可兼用三子之计。王不悦，认为慎子是在开玩笑。慎子解释说："臣请效其说，而王且见其诚然也。王发上柱国子良车五十乘，而北献地五百里于齐。发子良之明日，遣昭常为大司马，令往守东地。遣昭常之明日，遣景鲤车五十乘，西索救于秦。"楚王真就采用了这条连环妙计，子良献地之后，昭常又去坚守不退，不久秦为维持均势又出兵救楚。齐国空欢喜一场，一无所得（《战国策》卷十五《楚策二》）。

这种空头支票的诱人诡谋，有时也会弄假成真，非忍痛割地不可。楚魏战，魏许秦割上洛地，请秦不要助楚。魏果然战胜。秦向魏索地，被魏拒绝。秦于是做出与楚接近的姿态。魏怕秦楚联合攻己，赶快把上洛之地割与秦国（《战国策》卷六《秦策四》）。

（5）威逼诱降——敌人战败而尚未失去抵抗

◆ "王不……与之"
意为：大王不能不割地给齐国。大王金口玉言，既然答应了强大的齐国割地五百里，如果反悔就会失去信用。以后就没办法与诸侯结盟缔约。所以请先割地给齐国，然后再攻打它。割地给齐国表明我们守信，攻打齐国显示我们的武力，所以我说应该割地给齐国。

◆ "臣请……于秦"
意为：请让我来实施我的策略，大王将看到一定奏效。大王派上柱国子良带领五十辆兵车，向北到齐国去进献五百里土地。在派遣子良的第二天，任命昭常为大司马，让他去守卫东边的土地。在任命昭常的第二天，派遣景鲤带领五十辆兵车，向西到秦国去请求救援。

力，或可战而意志未决时，用甜言蜜语去松懈他的决心，使他相信早日投降可以免除更大的痛苦，这种利用人类侥幸心理的策略，往往也可以收获宏效。秦败楚，楚怀王使太子为质于齐以求援。秦昭王致书楚王，说愿与楚王在秦楚交界处的武关相见，面谈两国间的误会，以便言归于好。楚怀王犹豫不决，去，怕被欺，不去，怕招致秦国更烈的进攻。最后，怀王冒险往武关去赴会，结果被秦扣留。秦要怀王割地，否则不准回国。怀王不肯一错再错，坚决拒绝割地，终至死在秦国。楚太子横虽由齐回国，即位为襄王，但秦乘楚内部人心惶惶之际，猛烈进攻，大败楚国（《史记》卷四十《楚世家》）。

◆武关：古关名。在今陕西丹凤县东南。

五国相继破灭亡之后，只有齐尚独立于东方。秦威胁利诱兼施，劝齐不要做无谓的抵抗，以免生灵涂炭，只要齐王入朝，就可封与五百里之地，但齐国必须降秦。齐王建的精神已被秦克服，左右亦多胆怯或曾被秦贿买，极力劝王建西去降秦，王建入秦，齐毫无抵抗而亡国。王建被秦拘，饿死（《战国策》卷十三《齐策六》）。在战国时代秦国全部的外交史上，灭齐是收尾的一幕，也是最便宜的一幕：一纸招降书而灭掉一个有名的大国，全天下从此就都一统于秦。

◆骑墙：比喻站在斗争两方中间，向两面观望。

（6）骑墙外交——以上所讲的，几乎都是大国间互相侵袭的纵横诈术。小国在此种局面下，难以有完全自主的外交，只有兼事四邻的大国，利用大国间的矛盾，使自己成为国际均势之下的一个虽小而必需的成分，小心翼翼，各方讨好，或可勉强维持独立。这可称为骑墙外交。滕文公向孟子所说："**滕，小国也，间于齐楚，事齐乎，事楚乎？**"又，"**滕，小国也，竭力以事大国，则不得免焉，如之何则可？**"正道出各小国莫可奈何的悲哀（《孟子·梁惠王下》）。魏伐赵，勉强宋出兵随征。宋国进退两难，暗中派人到赵去诉说苦衷，请赵准宋军开入赵境，专围一城，以便对魏交代，同时赵亦可不致受宋的大害。魏国居然被蒙蔽，以为宋真正在大卖力气助战。赵国也甚心感宋国，认为宋只是虚张声势，并非真正仇赵。宋国两面讨好，最后"**兵退难解，德施于梁，而无怨于赵**"（《战国策》卷三十二《宋卫策》）。当时宋、卫、鲁、中山、西周、东周诸小国，都时常被大国要挟，在可能时也总是采取此种骑墙的策略，以谋自保。

◆ "滕……楚乎？"
意为：滕国是一个小国，处在齐国和楚国之间，是侍奉齐国呢，还是侍奉楚国呢？

◆ "滕……则可？"
意为：滕国是个小国，即使尽心竭力地侍奉大国，还是不能免于被侵犯，到底该怎么办才好呢？

◆ "兵退……于赵"
意为：军队撤退，危难解除，对梁国施恩，而又不使赵国产生怨恨。

三、后言

战国的外交，手段要辣，居心要狠，才有成功的希望。身处战国，而行春秋的外交，小则丧权，大则亡国。战国的结局，在各民族中，都是全文化区的统一：印度、中国、希腊罗马无不如此。今日的欧美恐也终难逃脱历史的命运。最辣最狠的国家，往往也是最后成功的国家。战国时曾有人对秦下过很深刻的评断："**秦之欲并天下而王之也，不与古同。事之虽如子之事父，犹将亡之也。行虽如伯夷，犹将亡之也。行虽如桀纣，犹将亡之也。**

◆ "秦之……亡矣！"
意为：秦国想要吞并天下称王，这与古代的做法不同。侍奉秦国即使像儿子侍奉父亲一样，也还是会被它灭亡。行为即使像伯夷那样清廉高洁，也还是会被它灭亡。行为即使像夏桀、商纣那样残暴，也还是会被它灭亡。即使很好地侍奉秦国也没有益处，不能因此而保存国家，只能使自己的国家很快灭亡。如此这般，崤山以东各国不能结成联盟，不能亲密合作而使力量凝聚得像一个整体，那就一定会被秦国灭亡。

虽善事之无益也，不可以为存，适足以自令亟亡也。然则山东非能从亲，合而相坚如一者，必皆亡矣！"（《战国策》卷二十八《韩策三》）六国中的明眼人，都知秦的野心漫无止境，非独吞天下不可。但六国始终不能一心一德地合力抗秦，最后听秦个个击破，统一宇内❶。世事推移，好似有非人力所能挽回的趋势。只看细节，历史绝不重演。但若从远处大处着眼，历史所能供给的教训似乎又非常之多。印度的史料过度缺乏，可以不论。但罗马的统一地中海世界与秦的统一中国，在政策运用与步骤的进展上，往往如出一辙。今日的欧美，表面的态势无论如何地独特，骨子里是否又在开始重演战国的悲剧，这当然只有后来的人才能断定。但我们今日的人，若由此点观察，对世界的大局与趋势或者能有深入一层的了解。

（选自《雷海宗文集》）

---

❶ 见课后延展阅读：《六国论》。

延展阅读

唐雎不辱使命
节选自《战国策·魏策四》

【原文】

秦王使人谓安陵君曰:"寡人欲以五百里之地易安陵,安陵君其许寡人!"安陵君曰:"大王加惠,以大易小,甚善;虽然,受地于先王,愿终守之,弗敢易!"秦王不说。安陵君因使唐雎使于秦。

秦王谓唐雎曰:"寡人以五百里之地易安陵,安陵君不听寡人,何也?且秦灭韩亡魏,而君以五十里之地存者,以君为长者,故不错意也。今吾以十倍之地,请广于君,而君逆寡人者,轻寡人与?"唐雎对曰:"否,非若是也。安陵君受地于先王而守之,虽千里不敢易也,岂直五百里哉?"

秦王怫然怒,谓唐雎曰:"公亦尝闻天子之怒乎?"唐雎对曰:"臣未尝闻也。"秦王曰:"天子之怒,伏尸百万,流血千里。"唐雎曰:"大王尝闻布衣之怒乎?"秦王曰:"布衣之怒,亦免冠徒跣,以头抢地尔。"唐雎曰:"此庸夫之怒也,非士之怒也。夫专诸之刺王僚也,彗星袭月;聂政之刺韩傀也,白虹贯日;要离之刺庆忌也,仓鹰击于殿上。此三子者,皆布衣之士也,怀怒未发,休祲降于天,与臣而将四矣。若士必怒,伏尸二人,流血五步,天下缟素,今日是也。"挺剑而起。

秦王色挠,长跪而谢之曰:"先生坐!何至于此!寡人谕矣:夫韩、魏灭亡,而安陵以五十里之地存者,徒以有先生也。"

【译文】

秦王派人对安陵君说:"我想用方圆五百里的土地交换安陵,安陵君一定要答应我!"安陵君说:"大王给予恩惠,用大的地盘交换我们小的地盘,实在是善事;即使这样,但我从先王那里接受了封地,愿意始终守卫它,不敢交换!"秦王不高兴。于是安陵君就派遣唐雎出使到秦国。

秦王对唐雎说:"我用方圆五百里的土地交换安陵,安陵君却不听从我,为什么呢?况且秦国灭掉韩国、魏国,而安陵却凭借方圆五十里的土地幸存下来,只是因为我把安陵君看作忠厚的长者,所以不打他的主意。现在我用十倍于安陵的土地,让安陵君扩大自己的领土,但是他违背我的意愿,这不是看不起我吗?"唐雎回答说:"不,并不是这样。安陵君从先王那里接受了封地而守护它,即使是方圆千里的土地也不敢交换,更何况只是五百里的土地呢?"

秦王勃然大怒,对唐雎说:"先生也曾听说过天子发怒的情景吗?"唐雎回答说:"我未曾听说过。"秦王说:"天子发怒的时候,会倒下数百万人的尸体,鲜血流淌数千里。"唐雎说:"大王曾经听说过平民发怒吗?"秦王说:"平民发怒,也不过就是摘掉帽子,光着脚,把头往地上撞罢了。"唐雎说:"这是平庸无能的人发怒,不是有才能有胆识的人发怒。专诸刺杀吴王僚的时候,彗星的尾巴扫过月亮;聂政刺杀韩傀的时候,一道白光直冲上太阳;要离刺杀庆忌的时候,苍鹰扑在宫殿上。他们三个人,都是平民中有才能有胆识的人,心里的愤怒还没发作出来,上天就降下吉凶的征兆。现在加上我,将成为四个人了。假若有胆识有能力的人被逼得一定要发怒,那么就让两个人的尸体倒下,五步之内淌满鲜血,天下百姓都要穿上白色的丧服,现在就是这个时候。"说完,拔剑而立。

秦王变了脸色，直身而跪，向唐雎道歉说："先生请坐！怎么会到这种地步！我明白了：韩国、魏国灭亡，但安陵却凭借方圆五十里的地方幸存下来，就是因为有先生您在啊！"

六国论
[北宋] 苏洵

【原文】

六国破灭，非兵不利，战不善，弊在赂秦。赂秦而力亏，破灭之道也。或曰：六国互丧，率赂秦耶？曰：不赂者以赂者丧。盖失强援，不能独完。故曰：弊在赂秦也。

秦以攻取之外，小则获邑，大则得城。较秦之所得，与战胜而得者，其实百倍；诸侯之所亡，与战败而亡者，其实亦百倍。则秦之所大欲，诸侯之所大患，固不在战矣。思厥先祖父，暴霜露，斩荆棘，以有尺寸之地。子孙视之不甚惜，举以予人，如弃草芥。今日割五城，明日割十城，然后得一夕安寝。起视四境，而秦兵又至矣。然则诸侯之地有限，暴秦之欲无厌，奉之弥繁，侵之愈急。故不战而强弱胜负已判矣。至于颠覆，理固宜然。古人云："以地事秦，犹抱薪救火，薪不尽，火不灭。"此言得之。

齐人未尝赂秦，终继五国迁灭，何哉？与嬴而不助五国也。五国既丧，齐亦不免矣。燕赵之君，始有远略，能守其土，义不赂秦。是故燕虽小国而后亡，斯用兵之效也。至丹以荆卿为计，始速祸焉。赵尝五战于秦，二败而三胜。后秦击赵者再，李牧连却之。洎牧以谗诛，邯郸为郡，惜其用武而不终也。且燕赵处秦革灭殆尽之际，可谓智力孤危，战败而亡，诚不得已。向使三国各爱其地，齐人勿附于秦，刺客不行，良将犹在，则胜负之数，存亡之理，当与秦相较，或未易量。

呜呼！以赂秦之地封天下之谋臣，以事秦之心礼天下之奇才，并力西向，则吾恐秦人食之不得下咽也。悲夫！有如此之势，而为秦人积威之所劫，日削月割，以趋于亡。为国者无使为积威之所劫哉！

夫六国与秦皆诸侯，其势弱于秦，而犹有可以不赂而胜之之势。苟以天下之大，下而从六国破亡之故事，是又在六国下矣。

【译文】

六国的灭亡，不是（因为他们的）武器不锋利，仗打得不好，弊端在于用土地来贿赂秦国。拿土地贿赂秦国折损了自己的力量，（这就）是灭亡的原因。有人问："六国一个接一个地灭亡，难道全部是因为贿赂秦国吗？"（回答）说："不贿赂秦国的国家因为有贿赂秦国的国家而灭亡。原因是不贿赂秦国的国家失掉了强有力的外援，不能独自保全。所以说弊病在于贿赂秦国。"

秦国除了用战争夺取土地（还收受诸侯的贿赂），小的贿赂就获得邑镇，大的贿赂就获得城池。比较秦国收受贿赂所得到的土地与战胜别国所得到的土地，（前者）实际多百倍。六国诸侯（贿赂秦国）所丧失的土地与战败所丧失的土地相比，实际也要多百倍。那么秦国最想要的，与六国诸侯最担心的，本来就不在于战争。想到他们的祖辈和父辈，冒着寒霜雨露，披荆斩棘，才有了很少的一点土地。子孙对那些土地却不爱惜，全拿来送给别

第二课 历史文化

人，就像扔掉小草一样不珍惜。今天割掉五座城，明天割掉十座城，这才能睡一夜安稳觉。明天起床一看四周边境，秦国的军队又来了。既然这样，那么诸侯的土地有限，强暴的秦国的欲望永远不会满足，（诸侯）送给他们的越多，他们侵犯得就越急迫。所以用不着打仗，谁强谁弱、谁胜谁负就已经决定了。到了覆灭的地步，道理本来就是这样子的。古人说："用土地侍奉秦国，就好像抱柴救火，柴不烧完，火就不会灭。"这话很正确。

齐国不曾贿赂秦国，（可是）最终也随着五国灭亡了，为什么呢？（是因为齐国）跟秦国交好而不帮助其他五国。五国已经灭亡了，齐国也就没法幸免了。燕国和赵国的国君，起初有长远的谋略，能够守住他们的国土，坚持正义，不贿赂秦国。因此燕虽然是个小国，却后来才灭亡，这就是用兵抗秦的效果。等到后来燕太子丹派遣荆轲刺杀秦王以对付秦国，这才招致了（灭亡的）祸患。赵国曾经与秦国交战五次，打了两次败仗，三次胜仗。后来秦国又两次打赵国。（赵国大将）李牧接连打退秦国的进攻。等到李牧因为谗言被诛杀，（赵国都城）邯郸变成（秦国的一个）郡，可惜赵国用武力抗秦而没能坚持到底。而且燕赵两国正处在秦国把其他国家快要消灭干净的时候，可以说是智谋穷竭，国势孤立危急，战败了而亡国，确实是不得已的事。假使韩、魏、楚三国都爱惜他们的国土，齐国不依附秦国，（燕国的）刺客不去（刺杀秦王），（赵国的）良将李牧还活着，那么胜负存亡的命运，倘若与秦国相比较，也许还不容易衡量呢。

唉！（如果六国诸侯）用贿赂秦国的土地来封给天下的谋臣，用侍奉秦国的心来礼遇天下的奇才，齐心合力地向西（对付秦国），那么，恐怕秦国人连饭也咽不下去。真可悲啊！有这样的有利形势，却被秦国积久的威势胁迫，每日每月割让土地，以至于走向灭亡。治理国家的人不要被积久的威势胁迫啊！

六国和秦国都是诸侯之国，他们的势力比秦国弱，却还有可以不贿赂秦国而战胜它的优势。如果凭借偌大国家，却追随六国灭亡的前例，这就比不上六国了。

治人与法治

主讲人 吴晗

历史上的政治家经常提到的一句话是："有治人，无治法。"意思是徒法不足以为治，有能运用治法的治人，其法然后足以为治。法的本身是机械的，是不能发生作用的，譬如一片沃土，辽廓广漠，虽然土壤是十分宜于种植，气候也合宜，假如不加以人力，这片地还是不能发生生产作用。假如利用这片土地的人不是一个道地有经验的农人，一个种植专家，而是一个博徒，游手好闲的纨绔子弟，一曝十寒，这片地也是不会有好收成的。反之，这块好地如能属于一个勤恳精明的老农，有人力，有计划，应天时，顺地利，耕耨以时，水旱有备，丰收自然不成问题。这句话不能说没有道理，就历史的例证看，有治人之世是太平盛世，无治人之世是衰世乱世。因之，有些人就以之为口实，主张法治不如人治。

反之，也有人主张："有治法，无治人。"法是鉴往失，顺人情，集古圣先贤遗教、全国聪明才智之士的精力，穷研极讨所制成的。法度举，纪纲立，有贤德的领袖固然可以用法而求治，相得益彰，即使中才之主，也还可以守法而无过举。法有

◆博徒：赌徒。

◆一曝十寒：晒一天，冻十天。后比喻没有恒心，努力少，荒废多。

◆耨，nòu。耕耨：耕田锄草。泛指从事农业生产。

◆遗教：前人遗留下来的教训、学说、主张、著作等。

永久性，假定是环境不变的时候，法也有伸缩性，假定环境改变了，前王后王不相因，变法以合时宜所以成后王之治，法之真精神真作用即在其能变。所谓变是因时以变，而不是因人以变，至于治人则间世不多得，有治人固然能使世治，但是治人未必能有治人相继，尧舜都是治人，其子丹朱、商均却都不肖，晋武帝、宋文帝都是中等的君主，晋惠帝却是个白痴，元凶劭则禽兽之不若。假使纯以人治，无大法可守，寄国家民族的命运于不肖子白痴低能儿枭獍之手，其危险不问可知，以此，这派人主张法治，以法纲纪国家，全国人都应该守法。君主也不能例外。

就人治论者和法治论者所持论点而论，两者都有其颠扑不破的理由，也都有其论据上的弱点。问题是人治论者的治人从何产生，在世业的社会组织下，农之子恒为农，父兄之教诲，邻里之启发，日兹月兹，习与性成，自然而然会成为一个好农人，继承父兄遗业，纵然不能光大，至少可以保持勿失。治人却不同了，子弟长于深宫，习于左右，养尊处厚，不辨菽麦，不知人生疾苦，和现实社会完全隔绝，中才以上的还肯就学，修身砥砺，有一点教养，却无缘实习政事，一旦登极执政，不知典故，不识是非，任喜怒爱憎，用左右近习，上世的治业由之而衰，幸而再传数传，一代不如一代，终致家破国灭，遗讥史册。中才以下的更不用说了，溺于邪侈，移于嬖幸，骄悍性成，暴恣自喜，肇成祸乱，身死国危，史例之多，不可胜举。治人不世

◆丹朱：传说中帝尧之子。傲慢荒淫，尧因此禅位于舜。
◆商均：舜之子。相传舜以商均不肖，乃使伯禹继位。
◆不肖：不似。特指子不似其父那样贤能。
◆元凶劭：元凶，大恶人，首恶。南朝宋文帝刘义隆被太子劭杀害，劭不久为宋孝武帝刘骏所诛，史称劭为"元凶劭"。
◆不若：不如。
◆枭獍：相传枭是食母的恶鸟，獍是食父的恶兽。比喻不孝或忘恩负义的恶人。
◆世业：世代相传的事业。
◆不辨菽麦：分不清豆子和麦子。形容脱离生产实践，缺乏实际知识。
◆近习：近臣。帝王的亲信。
◆遗讥：见笑。
◆中才：中等才能的人。
◆"溺于……祸乱"意为：沉溺于邪恶奢侈的生活，宠幸奸佞之人，骄傲蛮横，残暴放纵且自我陶醉，从而引发了祸乱。

第二课　历史文化

出，治人之子不必贤，而治人之子却依法非治国不可，这是君主世袭制度所造成的人治论者的致命打击。法治论者的缺点和人治论者一样，以法为治固然是天经地义，问题是如何使君主守法，过去的儒家法家都曾费尽心力，用天变来警告，用人言来约束，用谏官来谏诤，用祖宗成宪来劝导。可是这些方法只能诱引中才以上的君主，使之守法，对那些庸愚刚愎的下才，就无能为力了，法无废君之条，历史上偶尔有一两个例子，如伊尹放太甲，霍光废昌邑，都是不世出的惊人举动，为后来人所不敢效法。君主必须世袭，而世袭的君主不必能守法，虽有法而不能守，有法等于无法，法治论者到此也技穷而无所措手足了。

　　这两派持论的弱点到这世纪算是解决了，解决的枢纽是君主世袭制度的废除。就人治论者说，只要有这片地，就可以找出一个最合于开发这片地的条件的治人，方法是选举。选出的人干了几年无成绩或成绩不好，换了再选一个。治人之后必选治人相继，选举治人的全权操在这片地的全数主人手上。法治论者的困难也解决了，由全数主人建立一个治国大法，然后再选出能守法的治人，使之依法管理，这被选人如不守法，可由全数主人的公意撤换，另选一个能守法的继任，以人治，亦以法治，治人受治于法，治法运用于治人，由治法而有治人，由治人而励行法治，人治论者和法治论者到此合流了，历史上的争辩告一解决了。

　　就历史而论，具有现代意义的治法的成文法，

◆谏诤：进忠言纠正皇帝过失。

◆成宪：原有的法律、规章制度。

◆庸愚刚愎：平庸愚蠢，固执己见，不听从别人的意见。

◆伊尹：商初大臣。名伊，尹为官名。先助汤攻灭夏桀，汤去世后，佐卜丙、仲壬二君。仲壬死后，太甲即位，不遵汤法，不理国政，因而被伊尹放逐。三年后太甲悔过，被接回复位。

◆昌邑：即昌邑王刘贺。昭帝死后，霍光迎立昌邑王刘贺为帝，旋即废，又迎立宣帝。

◆成文法：与"不成文法"相对。有权制定法律规范的国家机关按照法定程序所制定的、以规范性文件的形式表现出来的法。如宪法、法律、行政法规、地方性法规。

加于全国国民的有各朝的法典，法意因时代而不同，其尤著者有唐律和明律。加于治国者虽无明文规定，却有习俗相沿的两句话："国以民为本，民以食为天。"现代的宪法是被治者加于治国者的约束，这两句话也正是过去国民加于治国者的约束。用这两句话来做尺度，衡量历史上的治国者，凡是遵守约束的一定是治人，是治世，反之是敌人，是乱世。这两句话是治法，能守治法的是治人。治人以这治法为原则，一切施政，以民为本，**裕民**以足食为本，治民以安民为本，事业以国民的利害定取舍从违，因民之欲而欲之，因民之恶而恶之，这政府自然为人民所拥戴爱护，国运也自然炽盛隆昌。

◆裕民：使民众富裕。

历史上的治人试举四人做例子说明，第一个是汉文帝，第二是魏太武帝，第三是唐太宗，第四是宋太祖。

汉文帝之所以为治人，是在他能守法和爱民。薄昭是薄太后弟，文帝亲舅，封侯为将军，犯法当死，文帝绝不以至亲**曲宥**，流涕赐死，虽然在理论上他是有特赦权的。邓通是文帝的弄臣，极为宠幸，丞相申屠嘉以通小臣戏殿上大不敬，召通**诘责**，通叩头流血不解，文帝至遣使谢丞相，并不因幸臣被屈辱而有所偏护。至于对人民的爱护，更是无微不至，劝农桑，敦孝弟，恭俭节用，与民休息，达到了海内殷富、刑罚不用的境界。

◆曲宥：曲意宽容。

◆诘责：追究责问。

魏太武帝信任**古弼**，古弼为人忠慎质直，有一次为了国事见太武帝面奏，太武帝正和一贵官围棋，没有理会，古弼等得不耐烦，大怒起捽贵官

◆古弼（？—452）：也称"吐奚爱弼"。北魏大臣。明元帝赐名弼，人称"笔公"。

第二课　历史文化

头，掣下床，搏其耳，殴其背，数说朝廷不治，都是你的罪过，太武帝失容赶紧说，都是我的过错，和他无干。忙谈正事，古弼请求把太宽的苑囿，分大半给贫民耕种，也满口答应。几月后太武帝出去打猎，古弼留守，奉命把肥马做猎骑，古弼给的全是瘦马，太武帝大怒说：笔头奴敢克扣我，回去先杀他（古弼头尖，太武帝形容为笔头）。古弼却对官属说，打猎不是正经事，我不能谏止，罪小。军国有危险，没有准备，罪大。敌人近在塞外，南朝的实力也很强，好马应该供军，弱马供猎，这是为国家打算，死了也值得。太武帝听了，叹息说："有臣如此，国之宝也。"过了几日，又去打猎，得了几千头麋鹿，兴高采烈，派人叫古弼征发五百乘民车来运，使人走后，太武帝想了想，盼咐左右曰，算了吧，笔公一定不肯，还是自己用马运吧。回到半路，古弼的信也来了，说正在收获，农忙，迟一天收，野兽鸟雀风雨侵耗，损失很大。太武帝说，果不出我所料，笔公真是社稷之臣。他不但为民守法，也为国执法，以为法是应该上下共守，不可变易，明于刑赏，赏不遗贱，刑不避亲。大臣犯法，无所宽假，节俭清素，不私亲戚，替国家奠定下富强的基础。

唐太宗以武勇定天下，治国却用文治。内举不避亲，外举不避仇，长孙无忌是后兄，王珪、魏徵[1]都是仇敌，却全是人才，一例登用，无所偏

---

❶ 见课后延展阅读：《谏太宗十思疏》。

◆ 苑囿：中国古典园林的早期形式。汉代以前在圈定的范围内畜养禽兽，繁衍草木，供帝王狩猎游玩，称囿。汉代以后这样的场所与宫室结合起来，以复道相连，称苑。

◆ 长孙无忌（？—659）：唐初大臣。太宗长孙皇后之兄。武德九年（626年）决策发动玄武门之变，助李世民夺取帝位。

◆ 王珪（571—639）：唐初大臣。唐武德时为太子中允，曾与魏徵劝太子建成击刘黑闼以树威望。太宗即位后召拜谏议大夫，多所谏诤，激浊扬清。

◆ 魏徵（580—643）：唐初政治家。隋末降唐，入唐为太子李建成洗马，劝建成早除李世民（太宗）。太宗即位后擢为谏议大夫。性刚直，知无不言，前后陈谏二百余事，多被采纳。

徇顾忌，忧国爱民，至公守法。《唐史》记："上以选人多诈冒资荫，敕令自首，不首者死。未几，有诈冒事觉者，上却杀之，大理少卿戴胄奏据法应流，上怒曰，卿欲守法而使朕失信？对曰，敕者出于一时喜怒，法者国家所以布大信于天下也。陛下忿选人之多诈，故欲杀之，而即知其不可，复断之以法，此乃忍小忿而全大信也。上曰：卿能执法，朕复何忧。"又："安州都督吴王恪数出畋猎，颇损居人，侍御史柳范奏弹之，恪坐免官，削户三百。上曰，长史权万纪事吾儿，不能匡正，罪当死，柳范曰，房玄龄事陛下，犹不能止畋猎，岂得独罪万纪。上大怒，拂衣而入。久之，独引范谓曰：何面折我！对曰，陛下仁明，臣敢不尽愚直。上悦。"前一事他能捐一时之喜怒，听法官执法。后一事爱子犯法，也依法削户免官，且能容忍侍臣的当面折辱。法平国治，贞观之盛的基础就建筑在守法这一点上。

宋太祖出身于军伍，也崇尚法治，《宋史》记："有群臣当迁官，太祖素恶其人不与，宰相赵普坚以为请，太祖怒曰，朕固不为迁官，卿若如何？普曰：刑以惩恶，赏以酬功，古今通道也。且刑赏天下之刑赏，非陛下之刑赏，岂得以喜怒专之！太祖怒甚起，普亦随之，太祖入宫，普立于宫门口，久之不去，太祖卒从之。"皇后弟杀人犯法，依法处刑，绝不宽贷，群臣犯赃，诛杀无赦。

从上引四个伟大的治人的例子，说明了治人之所以使国治，是遵绳于以民为本的治法，治法之所

◆资荫：资即资格；荫指封建时代子孙因祖先的官爵而受到封赏。

◆忍小忿而全大信：忍耐小的愤恨而保全大的信用。

◆畋，tián。畋猎：打猎。

◆颇损居人：对当地居民造成了很大的损害。

◆独引：单独召见。

◆何面折我：为什么当面指责我。

◆捐：舍弃。

◆迁官：升官。

◆古今通道：从古至今共同的道理。

◆遵绳：遵守法度。

以为治，是在治人之尊重与力行。治人无常而治法有常。治人或不能守法，即有治法的代表者执法以使其就范，贵为帝王，亲为帝子，元舅后弟，宠幸近习，在尊严的治法之下，都必须奉法守法，行法从上始，风行草偃，在下的国民自然兢兢业业，政简刑清，移风易俗，臻于至治了。

就历史的教训以论今日，我们不但要有治法，尤其要有治人。治人在历史上固不世出，在民主政治的选择下，却可以世出继出。治人之养成，选出罢免诸权之如何运用，是求治的先决条件。使有治法而无治人，等于无法，有治人而无治法，无适应时宜的治法，也是缘木求鱼，国终不治。

治人与治法的合一，一言以蔽之，曰实行民主政治。

（选自《吴晗全集》）

◆政简刑清：旧时形容法令简，社会风气好，犯罪的人少。常用以称道地方官政绩。

◆移风易俗：改变旧的风俗习惯。

◆臻于至治：达到完美的治理境界。

延展阅读

谏太宗十思疏
[唐] 魏徵

【原文】

臣闻求木之长者，必固其根本；欲流之远者，必浚其泉源；思国之安者，必积其德义。源不深而望流之远，根不固而求木之长，德不厚而思国之理，臣虽下愚，知其不可，而况于明哲乎！人君当神器之重，居域中之大，将崇极天之峻，永保无疆之休。不念居安思危，戒奢以俭，德不处其厚，情不胜其欲，斯亦伐根以求木茂，塞源而欲流长者也。

凡百元首，承天景命，莫不殷忧而道著，功成而德衰。有善始者实繁，能克终者盖寡。岂取之易而守之难乎？昔取之而有余，今守之而不足，何也？夫在殷忧，必竭诚以待下；既得志，则纵情以傲物。竭诚则胡越为一体，傲物则骨肉为行路。虽董之以严刑，振之以威怒，终苟免而不怀仁，貌恭而不心服。怨不在大，可畏惟人；载舟覆舟，所宜深慎；奔车朽索，其可忽乎！

君人者，诚能见可欲则思知足以自戒，将有作则思知止以安人，念高危则思谦冲而自牧，惧满溢则思江海下百川，乐盘游则思三驱以为度，忧懈怠则思慎始而敬终，虑壅蔽则思虚心以纳下，想谗邪则思正身以黜恶，恩所加则思无因喜以谬赏，罚所及则思无因怒而滥刑。总此十思，弘兹九德，简能而任之，择善而从之，则智者尽其谋，勇者竭其力，仁者播其惠，信者效其忠。文武争驰，在君无事，可以尽豫游之乐，可以养松、乔之寿，鸣琴垂拱，不言而化。何必劳神苦思，代下司职，役聪明之耳目，亏无为之大道哉！

【译文】

臣听说想要树木长得高大，一定要稳固它的根基；想要河水流得远长，一定要疏通它的源头；要使国家安定，一定要积聚它的德义。源头不深却希望河水流得远长，根不稳固却要求树木长得高大，德义不深厚却想使国家安定，我虽然愚笨，也知道这是不可能的，更何况（您这位）聪明睿智（的人）呢！国君掌握着国家的重要职权，据有天地间重要的地位，就要推崇皇权的高峻，永远保持政权的和平美好。如果不在安逸的环境中想着危难，戒奢侈，行节俭，道德不能保持宽厚，性情不能克服欲望，这也如同砍断树根来求得树木茂盛，堵塞源泉而想要泉水流得远啊。

古代所有的君主，承受上天赋予的重大使命，他们没有一个不为国家深切地忧虑而且治理成效显著的，但大功告成之后国君的品德就开始衰微了。开头做得好的实在很多，能够保持到底的大概很少。难道是取得天下容易守住天下困难吗？过去夺取天下时力量有余，现在守卫天下却力量不足，这是为什么呢？大概是因为他们在忧患深重的时候，必然竭尽诚意对待下属；一旦得志，就放纵自己的情感，傲视别人。竭尽诚意，那么即使像吴、越那样敌对的国家也能结成一体；傲视别人，那么骨肉至亲也会疏远得像路人一样。即使用严酷的刑罚监督人民，用威风怒气来吓唬人民，（人们）最终只是苟且免于刑罚但是并不会感念（皇上的）仁慈，表面上恭敬而在内心里却不服气。怨恨不在大小，可怕的是民众（的力量）；（他们像水一样）能够负载船只，也能颠覆船只，这是应当谨慎的。疾驰的马车却用腐烂的绳索驾驭，怎么可以疏忽大意呢？

  如果真的能够做到：见到自己喜欢的，就以知足来自我克制；将要兴建什么，就想到适可而止，来使百姓安宁；想到（自己的地位）高而险，就不忘谦虚加强自我修养；害怕会骄傲自满，就想到要像江海那样能够容纳千百条河流；喜爱狩猎，就想到网三面留一面，以此为度；担心意志松懈，就想到（做事）要慎始慎终；担心受蒙蔽，就想到虚心采纳臣下的意见；畏惧说坏话的人，就想到端正自己的品行来斥退奸恶小人；施加恩泽，就考虑不要因为一时高兴而奖赏不当；动用刑罚，就想到不因为一时发怒而滥用刑罚。全面做到这十件应该深思的事，弘扬这九种美德，选拔有才能的人并任用他，挑选好的意见而听从它。那么有智慧的人就能充分献出他的谋略，勇敢的人就能完全使出他的力量，仁爱的人就能散播他的恩惠，诚信的人就能献出他的忠诚。文臣武将争先恐后前来效力，国君和大臣没有大事烦扰，可以尽情享受出游的快乐，可以颐养得像赤松子与王子乔那样长寿，皇上弹着琴垂衣拱手就能治理好天下，不用再说什么，天下人就已经都有教化了。为什么一定要（自己）劳神费思，代替臣下管理职事，役使自己灵敏的耳朵和明亮的眼睛，减损顺其自然就能治理好天下的大道理呢！

唐太宗像

主讲人 吴晗

说　士

现代词汇中的军人一名词，在古代叫作士，士原来是又文又武的，文士和武士的分立，是唐以后的事。

在春秋时代，金字塔形的统治阶级，王诸侯大夫以下的阶层就是士，士和以上的阶层比较，人数最多，势力也最大。其下是庶民和奴隶，是劳动者，是小人，应该供养和侍候上层的君子。王诸侯大夫都是不亲庶务的，士介在上下层两阶级之间，受特殊的教育，在平时是治民的官吏，在战时是战争的主力。就上层的贵族阶级说，是维持治权的唯一动力，王诸侯大夫如不能得到士的支持，不但政权立刻崩溃，身家也不能保全。就下层的民众说，士又是庶政的推动和执行人，他们当邑宰，管理租赋，审判案件（以此，士这名词又含有司法官的意义，有的时候也叫作士师），维持治安，当司马管理军队，当贾正管理商人，当工正管理工人，和民众的关系最为密切，因之又惯常和民众联在一起。就职业的区分，士为四民之首，其下是农工商。再就教育的程度和地位说，士和大夫最为接近，因之士大夫也就成为代表相同的教育程度和社会地位的一个专门

◆小人：西周时对一种被统治的劳动者的称谓。
◆庶务：各种事务。

◆邑宰：县令的别称。

◆贾正：官名。掌管市场物价。
◆工正：官名。掌管百工和官营手工业。

名词。

士在政治上社会上负有特殊任务，在四民中，独享教育的特权。为着适应士所负荷的业务，课程分作六种，称为六艺：礼、乐、射、御、书、数。内中射、御是必修科，其他四种次之。射是射箭和战争技术的训练。御是驾车，在车战时代，这一门功课也是非常重要的。礼是人生生活的轨范，做人的方法，礼不下庶人，在贵族社会中，是最实际的处世之学。乐是音乐，是调剂生活和节制情感的工具，士无故不辍琴瑟。孔子在齐闻韶，三月不知肉味的故事，正可以代表古代士大夫对于音乐的爱好和欣赏的能力。奏乐时所唱的歌词是诗，在外交或私人交际场合，甚至男女求爱时，都可用歌词来表达自己的意思，这些诗被记录下来，保存到现在的叫《诗经》。书是写字，数是算数，要当一个政府或地方官吏，这两门功课也是非学不可的。

士不但受特殊的教育训练，也受特殊的精神训练。过去先民奋战的史迹，临难不屈，见危授命，牺牲小我以保全邦国的可歌可泣的史诗，和食人之禄忠人之事的理论，深深印入脑中。在这两种训练下，养成了他们的道德观念！——忠，忠的意义是应该把责任看得重于生命，荣誉重于安全，在两者发生冲突时，毫不犹豫牺牲生命或安全，去完成责任，保持荣誉。

在封建时代，各国并立，士的生活由他的主人诸侯或大夫所赐的田土维持，由于这种经济关系，士只能效忠于主人。到了秦汉的统一的大帝国

◆轨范：规范、楷模。

◆不辍：不停止。
◆韶：虞舜乐名。孔子推为尽善尽美。后以"闻韶"表示听美好的乐曲。

◆《诗经》：中国最早的诗歌总集。收录周初至春秋中叶的作品，对中国两千多年来的文学发展有深广的影响，且具史料价值。

成立以后，诸侯大夫这一阶层完全消灭，士便直属于君主于国家，忠的对象自然也转移到对君主对国家了。士分为文武以后，道德观念依然不变，几千年以来的文士和武士，轰轰烈烈，为国家为民族而战争，而流血，而牺牲，不屈不挠，前仆后继，悲壮勇决的事迹，史不绝书。甚至布衣白丁，匹妇老妪，补锅匠，卖菜佣，乞丐，妓女，一些未受教育的平民百姓，在国家危急时，也宁愿破家杀生，不肯为敌人所凌辱，这种从上到下，几千年来的一贯信念，是我国的立国精神，是我中华民族始终昂然永存，历经无数次外患而永不屈服，终能独立自主的真精神。

◆白丁：旧指平民，没有功名的人。
◆老妪：老妇。

士原来受文事武事两种训练，平时治民，战时治军，都是本分。春秋时代列国的卿大夫，一到战时便统率军队作战，前方后方都归一体（晋名将郤縠以敦诗书礼乐见称，是个著例）。到战国时代，军事渐趋专业化，军事学的著作日益增多，军事学家战术家战略家辈出，文官和军人渐渐开始分别，可是像孟尝君、廉颇、吴起等人，也还是出将入相，既武且文。汉代的大将军、车骑将军、前将军、后将军都是内廷重臣，遇有征伐时，将军固然应该奉命出征，外廷的大臣如御史大夫和九卿也时常以将军号统军征伐，而且文武互用，将军出为外廷文官，外廷文臣改为将军，不分畛域，末年如曹操、孙权都曾举孝廉，曹操横槊赋诗[1]，英武盖世，诸葛亮相

◆郤縠：应为"郤縠"。春秋时晋国三卿。喜礼乐，有德行，知礼义。

◆畛，zhěn。畛域：范围；界限。
◆槊：古代兵器，即矛。横槊：手握兵器。

---

[1] 见课后延展阅读：《观沧海》《短歌行》。

蜀，行军时则为元帅，虽然有纯粹的职业军人如吕布、许褚之流，纯粹的文人如华歆、许靖之流，在大体上仍是文武一体。一直到唐代李林甫当国以前，还是边帅入为宰相，宰相出任边帅，内外互用，文武互调。

李林甫做宰相以后，要擅位固宠，边疆将帅多用胡人，胡人不识汉字，虽然立功，也只能从军阶爵邑上升迁，不能入主中枢大政，从此文武就判为两途。安史乱后的郭子仪，奉天功臣李晟，虽然名义上都是宰相，都是汉人，都通文义，却并不与闻政事，和前期李靖、李勣出将入相的情形完全不同了。经过晚唐五代藩镇割据之乱，宋太祖用全力集权中央，罢诸将军权，地方守令都以文士充任，直隶中枢，文士治国，武士作战，成为国家用人的金科玉律，由之文士地位日高，武士地位日低，一味重文轻武的结果，使宋朝成为历史上最不重武的时代。仁宗时名将狄青南北立功，做了枢密使，一些文士便群起攻击，逼使失意而死；南宋初年的岳飞致力恢复失地，也为宰相秦桧所诬杀。文武不但分途，而且成为对立的局面。明代文武的区分更是明显，文士任内阁部院大臣，武士任官都督府卫所，遇着征伐，必以文士督师，武士统军陷阵，武士即使官为将军总兵，到兵部辞见时，对兵部尚书必须长跪。能弯八石弓，不如识一丁字，一般青年除非科举无望，岂肯弃文就武。致武士成为只有技勇膂力而无智识教养的人，在社会上被目为粗人，品质日低，声誉日降，偶尔有一两个武士能通文翰

◆ 中枢：朝廷。指中央政府机关。

◆ 狄青（1008—1057）：北宋大将。对夏作战，屡立战功，所向披靡。为范仲淹等所擢用。后被排挤去职。

◆ 岳飞（1103—1142）：南宋初抗金名将。所部军纪严明，英勇善战，称"岳家军"。高宗、秦桧一意求和，以岳飞被十二道金牌下令退兵，岳飞被解除兵权，后被诬谋反，下狱，以"莫须有"的罪名与其子及部将同被杀害。

◆ 秦桧（1090—1155）：南宋宰相，前后执政十九年，主张投降，为高宗所宠信，主持和议，向金称臣纳币，订立"绍兴和议"，为人所不齿。

◆ 膂力。膂力：体力。
◆ 文翰：文章。

第二课　历史文化

155

◆闾巷：街巷；里门。也泛指乡里、民间。

◆艰苦作战：指1937年七七事变后爆发的全面抗日战争。

吟咏，便群相惊诧，以为儒将。偶尔有一两个武士发表对当前国事的意见，便群起攻击，以为干政。结果武士自安于军阵，本来无教养学识的，以为军人的职责只是作战，不必求学识，这种心理的普遍化，使上至朝廷，下至闾巷，都以武士不文为当然，为天经地义。武士这一名词省去了下一半，武而不士，只好称为武人了。

近百年来的外患，当国的文士应该负责，作战的武士，亦应该负责。七年来的艰苦作战，文士不应独居其功，大功当属于前线流血授命的武士。就史实所昭示，汉唐之盛之强，宋明之衰之弱，士的文武合一和分立，殆可解释其所以然。古代对士的教育和训练，应加以重视，尤其应该着重道德观念——对国家对民族尽责的精神的养成。提高政治水准，为什么而战和有所不为，彻头彻脑明白战争的意义。要提高士的社会地位，必须文事和武事并重，必须政治水准和社会地位提高，这是今后全国所应全力以赴的课题。

（选自《吴晗全集》）

延展阅读

观沧海
[三国] 曹操

【原文】

东临碣石,以观沧海。

水何澹澹,山岛竦峙。

树木丛生,百草丰茂。

秋风萧瑟,洪波涌起。

日月之行,若出其中;

星汉灿烂,若出其里。

幸甚至哉,歌以咏志。

【译文】

向东进发登上碣石山,得以观赏大海的奇景。

海水波涛激荡,海中山岛罗列,高耸挺立。

周围是葱茏的树木,丰茂的花草。

萧瑟的风声传来,草木动摇,海中翻涌着巨大的波浪。

太阳和月亮的运行,好像是从这浩瀚的海洋中出发的。

银河星光灿烂,好像是从这浩渺的海洋中产生出来的。

我很高兴,就用这首诗歌来表达自己内心的志向。

短歌行

[三国]曹操

【原文】

对酒当歌,人生几何!
譬如朝露,去日苦多。
慨当以慷,忧思难忘。
何以解忧?唯有杜康。
青青子衿,悠悠我心。
但为君故,沉吟至今。
呦呦鹿鸣,食野之苹。
我有嘉宾,鼓瑟吹笙。
明明如月,何时可掇?
忧从中来,不可断绝。
越陌度阡,枉用相存。
契阔谈䜩,心念旧恩。
月明星稀,乌鹊南飞。
绕树三匝,何枝可依?
山不厌高,海不厌深。
周公吐哺,天下归心。

【译文】

一边饮酒一边高歌,人生的岁月能有多少!
就如同清晨的露水一般,逝去的日子实在太多。
歌声激昂慷慨,心中的忧愁却难以忘怀。
用什么来排解忧愁呢?只有那美酒杜康。

第二课　历史文化

穿着青领服装的学子，让我长久地牵挂。
只是因为你们，我至今沉吟不已。
鹿群呦呦鸣叫，欢快地吃着原野上的艾蒿。
我有尊贵的宾客，弹奏着瑟吹起笙。
那高悬的明月，什么时候才可以摘取？
心中的忧愁不断涌来，无法断绝。
远方的宾客穿过田间小路，屈驾前来探望我。
久别重逢，欢宴畅谈，心中怀念着旧日的恩情。
月光明亮，星星稀疏，乌鹊向南飞去。
绕着树木飞了几圈，哪里才是可以栖息的枝头？
高山不会满足于自己的高度，大海不会满足于自己的深度。
周公为了接待贤才，一饭三吐哺，天下的人心都归向他。

第三课
中西方文化差异

论中西文化的差异

主讲人 张荫麟

文化是一发展的历程，它的个性表现在它的全部"发生史"里。所以比较两个文化，应当就是比较两个文化的发生史。仅只一时代、一阶段的枝节的比较，是不能显出两文化的根本差异的。假如在两方面所摘取的时代不相照应，譬如以中国的先秦与西方的中古相比，或以西方的中古与中国的近代相比，而以为所得的结果，就是中西文化的根本异同，那更会差以毫厘，**谬**以千里了。

◆谬：错误；差错。

寻求中西文化的根本差异，就是寻求贯彻于两方的历史中的若干特性。唯有这种特性才能满意地解释两方目前之显著的、外表的而为以前所无的差异。若仅只注意两方在近今一时代之空前的差异，而认为两方的根本差异即在于此，一若他们在近今一时代之空前的差异是突然而来、前无所承的，在稍有历史眼光的人看来，那真是**咄咄怪事**了！

◆咄咄怪事：使人惊讶的怪事。

近代中西在文化上空前的大差异，如实验科学、生产革命、世界市场、议会政治等等之有无，绝不是偶然而有、突然而生的。无论在价值意识上，在社会组织上，或在"社会生存"上，至少自周秦、希腊以来，两方都有贯彻古今的根本差异。

163

虽然这些差异在不同的时代，有强有弱，有显有隐。这三方面的差异互相纠结，互相助长，以造成现今的局面。

这三方面的发生史上的差异，下文以次述之。

一

凡人类"正德、利用、厚生"的活动，或作为"正德、利用、厚生"的手段的活动，可称为实际的活动。凡智力的、想象的或感觉的活动，本身非"正德、利用、厚生"之事，而以本身为目的，不被视作达到任何目的之手段者，可称为纯粹的活动。凡实际的活动所追求的价值，可称为实践的价值。凡纯粹的活动所追求的价值，可称为观见的价值。过去中西文化的一个根本差异是：中国人对实际的活动的兴趣，远在其对纯粹的活动的兴趣之上。在中国人的价值意识里，实践的价值压倒了观见的价值。实践的价值几乎就是价值的全部，观见的价值简直是卑卑不足道的。反之，西方人对纯粹的活动，至少与对实际的活动有同等的兴趣。在西方人的价值意识里，观见的价值若不是高出乎实践的价值之上，至少也与实践的价值有同等的地位。这一点中西文化的差异，以前也有人局部地见到。例如在抗战前数年时，柳诒徵先生于《中国文化西被之商榷》一文里曾说：

吾国文化惟在人伦道德，其他皆此中心之附属物。训诂，训诂此也；考据，考据此也；

◆ 正德、利用、厚生：端正品行，发展生产和贸易，使人们拥有丰厚的生活资料。

◆ 卑卑：卑微。

◆ 柳诒徵（1880—1956）：中国历史学家、古文献学家。全民族抗战期间任教重庆中央大学。

◆ 商榷：斟酌；商讨。

◆ "吾国……悖是"意为：我国的文化核心只在于人伦道德，其他的方面都是这个中心的附属物。训诂，是对人伦道德的训诂；考据，也是考据人伦道德；金石所记载的，是人伦道德；文章所讲说的，也是人伦道德。从古至今，书籍碑板多到堆高及屋顶，但探究其主要方面，都不能违背这个根本。

第三课　中西方文化差异

> 金石所载，载此也；词章所言，言此也。亘古亘今，书籍碑板，汗牛充栋，要其大端，不能悖是。

又说：

> 由此而观吾国之文学，其根本无往不同。无论李、杜、元、白、韩、柳、欧、苏，辛稼轩、姜白石、关汉卿、王实甫、施耐庵、吴敬梓，其作品之精神面目虽无一人相似，然其所以为文学之中心者，君臣、父子、夫妇、兄弟、朋友之伦理也。

柳先生认为中国人把道德的价值，放在其他一切价值之上，同时也即认为西方人没有把道德的价值放在其他一切价值之上，这是不错的。不过我以为这还不能详尽地、普遍地说明中西人在价值意识上的差异。在上文所提出的价值的二分法当中，所谓实践的价值，包括道德的价值，而不限于道德的价值。唯有从这二分法去看中西人在价值意识上的**畸轻畸重**，才能赅括无遗地把他们这方面的差异放在明显的对照。

说中国人比较地重视道德价值，稍读儒家的代表著作的人都可以首肯。但说中国人也比较地重视其他实践的价值，如利用、厚生等类行为所具有的，许多人会发生怀疑。近二三百年来，西方人在利用、厚生的事业上惊心炫目的成就，使得许多中国人，在自惭形秽之下，认定西方文明本质上是功利（此指社会的功利，非个人的功利，下同）主义的文明。而中国人在这类事业的落后，是由于中国人一

◆ "由此……理也"意为：由此来看我国的文学，其根本之处没有不同。不论是李白、杜甫、元稹、白居易、韩愈、柳宗元、欧阳修、苏轼，还是辛弃疾、姜夔、关汉卿、王实甫、施耐庵、吴敬梓，他们作品的精神面貌虽然没有一个人是相似的，然而其作为文学的中心，都是君臣、父子、夫妇、兄弟、朋友之间的伦理道德。

◆ 畸轻畸重：有时偏轻，有时偏重。表示事物发展不均衡，或人对事物的态度有所偏好。

向不重功利，这是大错特错的。正唯西方人不把实际的活动放在纯粹的活动之上，所以西方人能有更大的功利的成就；正唯中国人让纯粹的活动被迫压在实际的活动之下，所以中国人不能有更大的功利的成就。这个似是自相矛盾而实非矛盾的道理（用近时流行的话，可称为辩证法的真理），下文将有解说。

《左传》里说，古有三不朽：太上立德，其次立功，其次立言。这是中国人的价值意识的宣言。历来中国代表的正统思想家，对这宣言没有不接受的。许多人都能从这宣言认取道德价值在中国人的价值意识中的地位。但我们要更进一步注意：这仅只三种被认为值得永久崇拜的事业，都是实际的活动，而不是纯粹的活动；这三种头等的价值，都是实践的价值，而不是观见的价值。所谓德，不用说了；所谓功，即是惠及于民，或有裨于厚生、利用的事；所谓言，不是什么广见闻、悦观听的言，而是载道的言，是关于人生的教训。所以孟子说："有德者必有言。"

亚里士多德的《尼各马可伦理学》，其在西洋思想史中的地位，仿佛我国的《大学》《中庸》。《伦理学》和《大学》都讲到"至善"。我们试拿两书中所讲的"至善"，作一比较，是极饶兴趣的事。亚里士多德认为至善的活动，是无所为而为的真理的观玩；至善的生活，是无所为而为地观玩真理的生活。《大学》所谓"止于至善"，则是"为人君止于仁，为人臣止于敬，为人子止于孝，为人父止于慈，与国人交止于信"。这差别还不够明

◆太上：最上；最高。

◆裨：助益。

◆观听：看和听。

◆"有德……有言"意为：有道德的人一定有善言。

◆亚里士多德（前384—前322）：古希腊哲学家，师从柏拉图，著作有《形而上学》《物理学》等。

◆《伦理学》：即上文《尼各马可伦理学》。

◆至善：至极之善。

◆止于至善：达到最完美的善的境界。

◆"为人……于信"意为：作为君主要做到仁爱；作为臣子要做到恭敬；作为子女要做到孝顺；作为父亲要做到慈爱；与国人交往要做到诚信。

显吗？中国人说"好德如好色"，而绝不说"爱智""爱天"；西方人说"爱智""爱天"，而绝不说"好德如好色"。固然中国人也讲"**格物致知**"，但那只被当作"正心、诚意、修身、齐家、治国、平天下"的手段，而不被当作究竟的目的。而且这里所谓"知"，无论照程朱的解释或照王阳明的解释，都是指德行之"知"，而不是指经验之"知"。王阳明的解释不用说了，**程伊川**说："知者，吾所固有，然不致则无从得之。而致知必有道，故曰致知在格物。"又说："**闻见之知，非德行之知，物交物则知之，非内也，今之所谓博物多能者是也。德行之知，不假见闻。**""致知"所致之"知"，为"吾所固有"，即"由内"，而"不假见闻"，即德行之知也。朱子讲致知，是"窃取程子之意"的，其所谓"致吾之知"当然即是致"吾所固有"之知了。实践价值的侧重在宋明的道学里更变本加厉。在道学家看来，凡与修身、齐家、治国、平天下无明显关系的事，都属于"玩物丧志"之列。"学如元凯方成癖，文至相如始类俳。独立孔门无一事，却师颜氏得心斋！"这是道学家爱诵的名句。为道学家典型的程伊川，有人请他去喝茶看画，他板起面孔回答道："我不喝茶，也不看画！"

我不知道有什么事实可以解释这价值意识上的差异。我们也很难想象，这差异是一孤立的表象，对文化的其他方面，不发生影响。这价值意识上的差异的具体表现之一，是纯粹科学在西方形成甚

◆ 格物致知：格物，推究事物的原理。致知，通过对事物的深入探究而达到对真理的认识。

◆ 程伊川：即程颐。人称"伊川先生"。

◆ "闻见……见闻"意为：通过耳闻目睹等感官方式所获得的知识，不是通过道德修养和内心体悟所得到的知识。"闻见之知"是当事物与事物相互接触、感知时所产生的，并非源自内在的本心或道德本性，现今所说的那些知识广博、技能多样的人，他们所拥有的大多是这种通过与外界事物接触而获得的知识。而"德行之知"不需要依赖感官的见闻。

早，而在中国受西方影响之前，始终未曾出现。我们有占星术及历法，却没有天文学；我们有测量面积和体积的方法，却没有几何学；我们有名家，却没有系统的论理学；我们有章句之学，却没有文法学。这种差异绝不是近代始然，远在周秦、希腊时代已昭彰可见了。纯粹科学，是应用科学的必要条件。没有发达的纯粹科学，也绝不会有高明的实用的发明。凡比较复杂的实用的发明，都是（或包含有）许多本来无实用的发现或发明的综合或改进。若对于无实用的真理不感兴趣，则有实用的发明便少所取材了。这个道理，一直到现在，我国有些主持文化、学术或教育事业的人，还不能深切体认到。传统的价值意识囿人之深，于此可见了。观见价值的忽略，纯粹科学的缺乏，这是我国历史上缺少一个产业革命时代的主因之一。

有人说：中国的音乐是"抒情诗式的"，西洋的音乐是"史诗式的"。不独在中西的音乐上是这样，在中西全部艺术上的成就上也大致是这样，想象方面的比较缺乏"史诗式的"艺术，与智力方面的缺乏纯粹科学是相应的。史诗式的艺术和纯粹科学，同样表示精细的组织、崇闳的结构，表示力量的集中、态度的严肃，表示对纯粹活动的兴趣，和对观见价值的重视。

◆昭彰：明显；显著。

◆囿，yòu，拘泥、局限。

◆崇闳：高大宏伟。

二

其次，从社会组织上看中西文化之发生史的

第三课　中西方文化差异

差异。就家族在社会组织中的地位，以及个人对家族的权利和义务而论，西方自希腊时代已和中国不同。法国史家古郎士说："以古代法律极严格论，儿子不能与其父之家火分离，亦即服从其父，在其父生时，彼永为不成年者。……雅典早已不行这种子永从其父之法。"（《希腊罗马古代社会研究》汉译本，页六四）又斯巴达在伯罗奔尼撒战役以后，已通行遗嘱法（同上，页五八）使财产的支配权完全归于个人而不属于家族。基督教更增加个人对家族的解放。在基督教的势力下，宗教的义务，是远超越过家族的要求。教会的凝结力，是以家庭的凝结力为牺牲的。《新约》里有两段文字，其所表现的伦理观念与中国传统的伦理观念相悖之甚，使得现今通行的汉译本不得不大加修改。其一段记载耶稣说：

> 假若任何人到我这里来，而不憎恶他的父母、妻子、儿女、兄弟和姊妹，甚至一己的生命，他就不能做我的门徒。

另一段记载耶稣说：

> 我来并不是使世界安宁的，而是使他纷扰的。因为我来了，将使儿子与他的父亲不和，女儿与她的母亲不和，媳妇与她的婆婆不和。

（两段并用韩亦琦君新译）

基督教和佛教都是家族组织的敌人。基督教之流布于欧洲与佛教之流布于中国约略同时。然基督教能抓住西方人的灵魂，而佛教始终未能深入中国人的心坎者，以家族组织在西方本来远不如在中国之严固，所谓物必先腐然后虫生之也。墨家学说

◆ 家火：家具；器具。

◆ 斯巴达：古希腊城邦。

◆ 基督教：信奉耶稣基督为救世主的各教派的统称，世界三大宗教之一。包括天主教、正教和新教以及一些较小派别。

◆《新约》：即《新约全书》。包括记载耶稣生平言行的"四福音书"，讲述耶稣的降生、传道、受难、复活，以及早期基督教的发展等内容。

◆聚讼：众说纷纭，久无定论。

◆移孝作忠：把孝顺父母的心转至效忠君主。
◆战阵无勇非孝也：在战场上作战不勇敢，不能算作孝子。
◆"能执……无殇"意为：能够拿起武器保卫国家的人，可以不用葬小孩的形式来处理。
◆过陈不式：路过陈国时不按照应有的礼仪。
◆上达：对德义透彻了解并能努力实践。
◆下达：追求财利。
◆两姑之间难为妇：媳妇夹在婆婆和小姑之间，左右为难。比喻夹在中间不好处理。

的社会的含义和基督教的大致相同，而墨家学说只是昙花一现，其经典至成了后来考据家聚讼的一大问题，这也是中国历来家庭组织严固的一征。基督教一千数百年的训练，使得牺牲家族的小群，而尽忠于超越家族的大群的要求，成了西方一般人日常呼吸的道德空气。后来基督教的势力虽为别的超家族的大群（国家）所取而代，但那种尽忠于超家族的大群的道德空气是不变的。那种道德空气是近代西方一切超家族的大群，从股份公司到政治机构的一大巩固力，而为中国人过去所比较欠缺的。我不是说过去中国人的社会思想一概是"家族至上"。儒家也教人"忠孝两全"，教人"移孝作忠"，教人"战阵无勇非孝也"，教人虽童子"能执干戈以卫社稷者可无殇"。孔子亦曾因为陈国的人民不能保卫国家，反为敌国奴役，便"过陈不式"。有些人以为过去儒家所教的"忠"只是"食君家之禄者，忠君家之事"的意思，那是绝对错误的。不过中国人到底还有调和忠孝的问题，而西方至少自中世迄今则不大感觉到。在能够"上达"的人看来，"忠孝两全"诚然是最崇高的理想。但在大多数只能"下达"的人看来，既要他们孝，又要他们忠，则不免使他们感觉得"两姑之间难为妇"了。而且对于一般人毕竟家近而国远，孝（此处所谓"孝"就广义言，谓忠于家族）易而忠难，一般人循其自然的趋向，当然弃难趋易了。就过去中国社会组织所表现于一般中国人心中的道德意识而言，确有这种情形。而这种情形在西方至少是比较轻浅的。像《孟子》书中所载"舜为天子，皋陶为士，瞽瞍杀人，则如之何"的疑问，和孟子所提出舜"窃负而逃，遵海滨而处"的回答，是任何能作伦理反省的时代的西方人所不能想象的。许多近代超家族的政治或经济组织，虽然从西方移植过来，但很难走上轨道，甚至使人有"橘逾淮而为枳"之感者，绝对尽忠于超家族的大群的道德空气之缺乏是一大原因。

◆瞽，gǔ。瞍，sǒu。"舜为……之何"意为：舜做天子，皋陶当法官，如果舜的父亲瞽瞍杀了人，那该怎么办呢？
◆"窃负……而处"意为：偷偷地背着父亲逃跑，在海边居住。
◆橘逾淮而为枳：橘子生长在淮河以南就是橘子，生长在淮河以北就变成枳了。

三

再次，就社会的生存上看，过去中国的文化始终是内陆的农业的文化；而西方文化，自其导源便和洋海结不解的关系。腓尼基、克列特，不用说了。希腊、罗马的繁荣是以海外贸易、海外掠夺和海外殖民做基础的。在中世纪，海外贸易的经营仍保存于东罗马帝国，而移于波斯人和阿拉伯人之手。文艺复兴的时代同时也是西南欧海外贸易复兴和市府复活的时代。从12世纪西南欧的准市府的经济，到现代西方海洋帝国主义的经济，是一继续的发展，是一由量的增加而到质的转变的历程。这历程和希腊、罗马的海外开拓是一线相承的。而海外开拓的传统是中国历史上所没有的。这点差异从两方的文学也可看出。西方之有荷马和维吉尔的史诗，好比中国有《诗经》和《楚辞》。荷马和维吉尔的史诗纯以海外的冒险的生活为题材，他们的英雄都是在风涛中锻炼成的人物。而在《诗经》和

◆腓尼基：地中海东岸古国。
◆文艺复兴：14世纪至16世纪欧洲新兴资产阶级思想文化运动。16世纪资产阶级史学家认为它是古代文化的复兴，因而得名。代表人物有但丁、达·芬奇、拉斐尔、米开朗琪罗、莎士比亚等。
◆荷马：古希腊诗人，专事行吟的盲歌手。相传著名史诗《伊利亚特》《奥德赛》为他所作。
◆维吉尔：古罗马诗人。代表作史诗《埃涅阿斯纪》。

◆朝宗于海：百川归流向大海。

◆指西海以为期：指着西海作为约定的期限。

◆《镜花缘》：长篇小说。清李汝珍作。虚构了武则天时期秀才唐敖等游历海外的见闻和唐敖之女唐小山等一百个才女的故事。

◆"智者……者静"意为：智慧的人喜爱水，仁德的人喜爱山，智慧的人好动，仁德的人好静。

◆"其兴……忽焉"意为：兴起时很迅速，势不可挡，灭亡时也很迅速，突如其来。

◆《共产党宣言》：马克思、恩格斯为共产主义者同盟起草的纲领，是科学社会主义的第一个纲领性文献，标志着马克思主义的诞生。

◆唯物史观：关于人类社会发展一般规律的科学。

《楚辞》中，除了"朝宗于海""指西海以为期"一类与航海生活无关的话外，竟找不到一个"海"字。近三四百年来，像卡蒙斯（葡萄牙诗人，以瓦斯科发现好望角之航行为史诗题材者）、康拉德（英小说家，专写海上生活）之徒在西方指不胜屈，而中国则绝无之。中国唯一与航海有关的小说《镜花缘》，其海外的部分却是取材于《山海经》的。我不是一味讴歌洋海的文化，而诅咒内陆的文化，二者各有其利弊。孔子说："智者乐水，仁者乐山，智者动，仁者静。"我们也可以说洋海的文化乐水，内陆的文化乐山；洋海的文化动，内陆的文化静。而且我们也可以更进一步说，洋海的西方文化恰如智者，尚知；内陆的文化恰如仁者，尚德。洋海的文化动，所以西方的历史比较地波澜壮阔，掀扬社会基础的急剧革命频见迭起。内陆的文化静，所以中国历史比较地平淡舒徐，其中所有社会的大变迁都是潜移默运于不知不觉，而予人以二千多年停滞不进的印象。洋海的文化乐水，所以西方历史上许多庞大的政治建筑都是"其兴起也勃焉，其没落也忽焉"，恰如潮汐。而中国则数千年来屹立如山。（第一次世界大战后，希特勒汲汲经营陆军，图霸欧陆，而不甚着意海军，以图收复殖民地，他未必不是有见于此理。）这差异固然有其地理环境的因素，但地理环境所助成的文化发生史上的差异，研究比较文化的人不容忽视。海外开拓是产生资本主义的一大原动力，虽然资本主义的发达也增加了海外开拓的需要。一般仅只根据《共产党宣言》去讲唯物史观的人，以为照马克

第三课　中西方文化差异

思[1]的说法，欧洲资本主义的社会是蒸汽机的发明所造成的（所谓生产工具决定生产关系）。其实马克思晚年在《资本论》里已经放弃这种说法。近今讲马克思主义的人绝不提到《资本论》里对资本主义起源的更近真的解释，我觉得是很可诧异的。在《资本论》里，马克思把资本主义分为两个时期：

（1）手工制造时期；

（2）机械制造时期。

照定义，在资本主义的手工制造时期，蒸汽机还没有出现，怎么说蒸汽机的发明，造成资本主义的社会呢？那么资本主义是怎样起来的呢？马克思以他所目击的英国为例。资本主义发生的先决条件是大量无产无业的"普罗列塔列亚"聚集都市，以供拥有资财的人的利用。因为海外市场对英国毛织品的需求，使得这种制造事业（起初是由小规模的工场和家庭出品的收集来供应的）在英国特别繁荣，同时羊毛的价格也大涨。于是拥有巨量土地的贵族，纷纷把本来供耕种用的土地收回做牧场，同时把原有永久的佃户驱逐。这大量被剥夺了生产的资藉的农民的聚集都市，和海外市场对英国织造业的继续增长的需求，便是造成最初出现于欧洲的大工厂的动力。以上都是马克思在《资本论》里的说法。我们更可以补足一句：蒸汽机的发明也是适应着海外市场对英国织造业的继续增长的需要的。（但非纯由于适应此需要，远在此时以前西方已有以蒸汽为发动力的机构，

◆马克思（1818—1883）：无产阶级革命导师，马克思主义创始人。

◆蒸汽机：利用蒸汽在汽缸内膨胀，推动活塞运动而产生动力的一种往复式发动机。1765年，英国发明家瓦特对当时已出现的原始蒸汽机作了重大改进，蒸汽机的发明和应用在18世纪的产业革命中有重要作用。

◆《资本论》：马克思毕生研究政治经济学的主要成果和最主要的著作，揭露了资本主义剥削的实质，标志着马克思主义政治经济学的诞生。

◆普罗列塔列亚：原指古罗马社会的最下等级。今指无产阶级。

◆佃户：旧时租种地主土地的农户。

---

[1] 见课后延展阅读：《在〈人民报〉创刊纪念会上的演说》。

唯视为无用的奇器，陈列于博物院者而已。）所以要明白近代西方生产革命的由来，不可忽略了西方航海事业的传统，要了解中西文化在其他方面的差异，也不可不注意西方航海事业的传统。

（选自《张荫麟全集》）

延展阅读

在《人民报》创刊纪念会上的演说

[德] 马克思

所谓的1848年革命，只不过是一些微不足道的事件，是欧洲社会干硬外壳上的一些细小的裂口和缝隙。但是它们却暴露出了外壳下面的一个无底深渊。在看来似乎坚硬的外表下面，现出了一片汪洋大海，只要它动荡起来，就能把由坚硬岩石构成的大陆撞得粉碎。那些革命吵吵嚷嚷、模模糊糊地宣布了无产阶级解放这个19世纪的秘密，本世纪革命的秘密。

的确，这个社会革命并不是1848年发明出来的新东西。蒸汽、电力和自动走锭纺纱机甚至是比巴尔贝斯、拉斯拜尔和布朗基诸位公民更危险万分的革命家。但是，尽管我们生活在其中的大气把两万磅重的压力加在每一个人身上，你们可感觉得到吗？同样，欧洲社会在1848年以前也没有感觉到从四面八方包围着它、压抑着它的革命气氛。

这里有一件可以作为我们19世纪特征的伟大事实，一件任何政党都不敢否认的事实。一方面产生了以往人类历史上任何一个时代都不能想象的工业和科学的力量；而另一方面却显露出衰颓的征兆，这种衰颓远远超过罗马帝国末期那一切载诸史册的可怕情景。

在我们这个时代，每一种事物好像都包含有自己的反面。我们看到，机器具有减少人类劳动和使劳动更有成效的神奇力量，然而却引起了饥饿和过度的疲劳。财富的新源泉，由于某种奇怪的、不可思议的魔力而变成贫困的源泉。技术的胜利，似乎是以道德的败坏为代价换来的。随着人类愈益控制自然，个人却似乎愈益成为别人的奴隶或自身的卑劣行为的奴隶。甚至科学的纯洁光辉仿佛也只能在愚昧无知的黑暗背景上闪耀。我们的一切发明和进步，似乎结果是使物质力量成为有智慧的生命，而人的生命则化为愚钝的物质力量。现代工业和科学为一方与现代贫困和衰颓为另一方的这种对抗，我们时代的生产力与社会关系之间的这种对抗，是显而易见的、不可避免的和毋庸争辩的事实。有些党派可能为此痛哭流涕；另一些党派可能为了要摆脱现代冲突而希望抛开现代技术；还有一些党派可能以为工业上如此巨大的进步要以政治上同样巨大的倒退来补充。可是我们不会认错那个经常在这一切矛盾中出现的狡狯的精灵。我们知道，要使社会的新生力量很好地发挥作用，就只能由新生的人来掌握它们，而这些新生的人就是工人。工人也同机器本身一样，是现代的产物。在那些使资产阶级、贵族和可怜的倒退预言家惊慌失措的现象当中，我们认出了我们的勇敢的朋友好人儿罗宾，这个会迅速刨土的老田鼠、光荣的工兵——革命。英国工人是现代工业的头一个产儿。他们在支援这种工业所引起的社会革命方面肯定是不会落在最后的，这种革命意味着他们的本阶级在全世界的解放，这种革命同资本的统治和雇佣奴隶制具有同样的普遍性质。我知道英国工人阶级从上世纪中叶以来进行了多么英勇的斗争，这些斗争只是因为资产阶级历史学家把它们掩盖起来和隐瞒不说才不为世人所熟悉。为了报复统治阶级的罪行，在中世纪的德国曾有过一种叫作"菲默法庭"的秘密法庭。如果某一所房子画上了一个红十字，大家就知道，这所房子的主人受到了"菲默法庭"的判决。现在，欧洲所有的房子都画上了神秘的红十字。历史本身就是审判官，而无产阶级就是执刑者。

马克思像

主讲人 蒋梦麟

敌机轰炸中谈中国文化
（节选）

◆五口通商：1842年8月，英国强迫清政府签订《南京条约》，中国开放广州、福州、厦门、宁波、上海五处为通商口岸，开创了西方列强强迫中国开港的先例。

◆中日战争：这里指1894年至1895年发生的中日甲午战争。清政府因腐败终遭失败，于1895年4月17日签订丧权辱国的《马关条约》。

◆"胡琴……入的"：此处描述与史实不符。笛和七弦琴为中原传统乐器，历史久远，非外部传入。胡琴则源自西北游牧民族。

一、中国文化之吸收力

大约五十年前，当我还在学校念书的时候，外国人和前进的中国人都常常说，中国很像一块绝少吸收能力，甚至毫无吸收能力的岩石，那也就是说中国文化已经停滞不前，而且成为化石，因此中国已经变得无可救药地保守。她一直我行我素，谁也不能使这位"支那人"改变分毫。

这种说法表面上似乎言之成理，但是结果却证明完全错误。从五口通商开始，至1894年中日战争为止，中国似乎一直在抗拒西方影响。但是在以前的几百年内，她曾经吸收了许多先后侵入她生活之中的外来东西。

在音乐方面，现在所谓的"国乐"，实际上多半是用起源于外国的乐器来弹奏的。胡琴、笛和七弦琴，都是几百年前从土耳其斯坦传入的。我们现在仍旧保留着中国的古琴，但是只有极少数人能够欣赏，至于能弹古琴的人就更少了。

从外国介绍到中国的食品更不计其数：西瓜、黄瓜、葡萄和胡椒是好几百年前传入中国的；甘

178

第三课 中西方文化差异

薯、落花生、玉蜀黍则是最近几百年传入的；在最近的几十年中，洋山芋、番茄、花菜、白菜和蓳菜也传入中国了。切成小块，用酱油红烧的西方牛排，也已经变为一道中国菜。锅巴虾仁加番茄汁更是一种新花样。中菜筵席有时也要加上冰淇淋、咖啡和金山橙子。柑橘原是中国的土产，后来出洋赴美，在加利福尼亚经过园艺试验家褒朋克改良后，带着新的头衔又回到了本乡，与中国留学生从美国大学带着硕士、博士的头衔学成归国的情形差不多。中国柑橘还在很久很久以前传到德国，想不到柑橘到了德国却变成了苹果，因为德国人把柑橘叫作"中国苹果"。

凡是值得吸收的精神食粮或知识养分，不论来自何方，中国总是随时准备欢迎的。明朝时，耶稣会教士把天文、数学和圣经传到中国。大学士徐光启，不但从他们学习天算，而且还信仰了天主，把他在上海徐家汇的住宅作为天主教活动中心。我们从耶稣会教士学到西方的天文学，有些人因此而成为天主教徒。五口通商以后，徐家汇天文台一直是沿海航行的指针。

明末清初有位学者黄梨洲，他非常佩服耶稣会教士传入的天文学。他曾说过这样一句话，中国有许多学问因自己没有好好地保存，所以有不少已经流到外国去了。他有一次告诉一位朋友说："就天文学而论，我们与西方学者比起来，实在幼稚得很。"可见中国学者是如何虚怀若谷！

事实上正因为她有伟大的吸收能力，中国才能

◆ "从外……国了"：此处描述与史实不符。西瓜、黄瓜、葡萄等很早就在新疆等地种植，传入中原也远在千年以前。胡椒至少在唐时已传入中国。关于花生，近年有观点认为，中国也是起源地之一。洋山芋（马铃薯）、番茄在中国已有数百年历史。宋人已有关于白菜的记载。玉蜀黍，指玉米。

◆ 徐光启（1562—1633）：明科学家。万历进士，师从利玛窦等学习西方的天文、历法、数学、测量和水利等科学技术，是介绍和吸收欧洲科学技术的积极推动者。1603年入天主教。著有《农政全书》等。

◆ 黄梨洲：即黄宗羲（1610—1695），明清之际思想家、史学家。人称"梨洲先生"。

◆彰彰：显著；明晰。

◆无庸：同"毋庸"。无须；不必。

◆性善学说：即性善论。孟子的人性论学说，认为人性本来就是善的。

◆辞藻：诗文的文采。常指用以藻饰文辞的典故或古人著作中的词汇。

在几千年的历史过程中历经沧桑而屹立不坠。世界上没有任何文化能够不随时吸收外国因素而可维系不坠。我想这是不必历史家来证明的。西方各国文化间的相互依存关系和相互影响，彰彰在人耳目，无庸争辩。但是东方文化与西方文化间的相互作用却比较不太明显。剑桥大学的尼邓教授曾经告诉我，火药的膨胀性导致蒸汽机的发明，而儒家的性善学说则影响了法国大光明时代学派的思想。许多东西曾经悄无声息地从东方流传到西方。至于这些东西究竟是什么，我想还是让西洋人自己来告诉我们吧。

但是我们除了音乐、食物之类以外，并没有经由西面和北面陆上边界吸收其他的东西。这些区域里的民族，所能提供的精神食粮事实上很少，因此我们转而求诸印度。在艺术方面，我国的绘画和建筑都有佛教的影响，佛教思想在中国哲学方面更占着重要的地位，佛教经典甚至影响了中国文学的风格和辞藻。

在耶稣会教士到达中国之前好几百年，中国人已经吸收了佛教的道德观念，但是对佛教的超世哲学却未加理睬。佛教传入中国虽已有千百年的历史，而且千千万万的佛教寺庙也占据着城市和山区的最好位置，但是佛教的基本哲学和宗教在中国人的思想里仍然是陌生的。学者们对佛教保持友善或容忍的态度，一般老百姓把它当作中国的诸多宗教之一来崇拜。但是它始终还是外国的东西。在重实用的中国人看起来，佛教的超知识主义并无可用。

第三课　中西方文化差异

超知识主义所以能在中国存在，是因为它含有道德教训，同时遇到苦难的时候，可以作精神上的避风港。中国人只想把外国因素吸收进来充实自己的思想体系，但是他们绝不肯放弃自己的思想体系而完全向外国投降。

中国人凭借容忍的美德，对于无法吸收的任何思想体系都有巧妙的应付办法。他们先吸收一部分，让余留的部分与本国产物和平共存。因此亿万人口中的一部分就接纳了外国的思想文化，成为佛教徒、回教徒，或基督教徒，大家和睦相处，互不干扰。

中国历史上最有趣味的两件事，一件是关于道家思想的。我们把它劈成两半。一半为老庄哲学，以此立身，为任自然而无为；以此治国为无为而治。另一半成为道教，起于东汉张道陵之五斗米道。流入特殊社会而成帮会，两千年来，揭竿而起，改朝换代，都是与帮会有关系的。流入通俗社会则成道教。既拜神也拜佛，台湾之"拜拜"即此。通俗所迷信之阎罗王，本为印度婆罗门教冥府之司狱吏，由佛教于无意中传来中国而入了道教。至轮回之说，入了道教而亦忘其来源矣。

第二件是把佛教也劈成两半。宗教部分入了道教，哲学部分则合道家而入了儒家。老子之无为主义，凑合了佛家之无为主义，使佛学在中国思想系统里生了根。故宋儒常把老佛并称。

自宋以来之儒家，可以说没有不涉猎道家哲学与佛学的。儒家之洒脱思想，实因受其影响而来。

◆回教：伊斯兰教在我国的旧称，1956年以后改。

◆无为：道家的哲学思想。意为清净虚无，顺应自然变化。

◆张道陵（34—156）：东汉五斗米道创始人。创立道派，入道者须出五斗米，故也称"五斗米道"。后被道教徒尊为"天师"。

◆婆罗门：古印度僧侣贵族，居于四瓦尔纳（种姓）的首位。

◆老佛：指道教与佛教。

◆涉猎：谓浏览群书而不深入钻研。

中国之学人，以儒立身，以道处世，近年以来加上了一项以科学处事。美国本年6月份《幸福》杂志，以幽默的口气，谓台湾有人对美国人说，台湾的建设靠三子：一孔子，二老子，三鬼子。问什么叫鬼子，则笑谓洋鬼。

现在让我们再回头看一看过去五十年间西方文化传入中国的情形。在衣着方面过去三十年间西化的趋势最为显著。呢帽和草帽已经取代旧式的帽子和头巾。昔日电影中所看到的辫子已失去了踪迹。女人都已烫了头发，短裙、丝袜和尼龙袜已使中国妇女有机会显示她们的玉腿。女人的足更已经历一次重大的革命，西式鞋子使她们放弃了几千年来的缠足恶习，结果使她们的健康大为改善。健康的母亲生育健康的子女，天足运动对于下一代的影响至为明显。现代的儿童不但比从前的儿童健康，而且远较活泼，不但行动比较迅速，心智也远较敏锐。

在社交方面，男女可以自由交际，与过去授受不亲的习俗适成强烈的对照。民法中规定，婚姻不必再由父母安排；青年男女成年以后，有权自行选择对象。男女同校已经成为通例，男女分校倒成了例外。

在住的方面，一向左右屋基选择的风水迷信已经渐为现代的建筑理论所替代。在若干实例中，古代的艺术风格固然因其华丽或雄伟而保留了下来，但是大家首先考虑的还是阳光、空气、便利、舒适、卫生等要件。现代房屋已经装置抽水马桶、洋瓷浴盆和暖气设备。硬背椅子和硬板床已经渐为沙

◆呢，ní，毛织物的一种。

◆尼龙：英语nylon的音译。

◆缠足：旧时陋习，女子用布帛紧扎双足，使足骨变形，脚形尖小，以为美观。太平天国曾禁止缠足，辛亥革命以后，缠足之风始逐渐废绝。

◆天足：妇女没有经过缠裹的脚。

◆屋基：房屋的地基。

第三课　中西方文化差异

发及弹簧床垫所取代。

中国菜肴花样繁多，因为我们随时愿意吸收外国成分。西菜比较简单，我想主要是因为不大愿意采用外国材料的缘故。不错，茶是好几世纪以前从中国传入欧洲的。香料也是由东方传去。哥伦布就是为了找寻到印度的通商捷径而无意中发现新大陆的。有人告诉我，渥斯特郡辣酱油也是从中国酱油发展而来的。但是除此以外，西菜始终很少受东方的影响。美国的"杂碎"店固然数以万计，而且美国人也很喜欢"杂碎"，但是除此以外，他们就很少知道别的中国菜了。

中国却一直不断地在吸收外国东西，有时候经过审慎选择，有时候则不分皂白，乱学一气——不但食物方面如此，就是衣着、建筑、思想、风俗习惯等等也是如此。吸收的过程多半是不自觉的，很像一棵树通过树根从土壤吸收养分。吸收养分是成长中树木的本能，否则它就不会再长大。

中国由新疆输入外国文化并加吸收的过程很缓慢，千余年来只点点滴滴地传入了少许外国东西。因此她是逐步接受这些东西的，有时间慢慢加以消化，大体上这是一种不自觉的过程，因此并未改变中国文化的主流，很像磁石吸收铁屑。铁屑聚集在磁石上，但是磁石的位置并未改变。

由华东沿海输入的西方文化，却是如潮涌至，奔腾澎湃，声势慑人；而且是在短短五十年之内涌到的。西方文化在法国革命和工业革命之后正是盛极一时，要想吸收这种文化，真像一顿饭要吃下好

◆哥伦布（约1451—1506）：意大利航海家。相信地圆说。

◆新大陆：指南、北美洲，即西半球陆地。15世纪末，意大利探险家亚美利哥到达南美洲北部，证明1492年哥伦布到达的这块地方是欧洲人所未知的"新大陆"，而不是东方。

◆渥斯特郡辣酱油：今通译为伍斯特郡酱，是一种英国调味料。

◆杂碎：煮熟切碎供食用的牛羊等的内脏。

◆工业革命：以手工技术为基础的资本主义工场手工业过渡到采用机器的资本主义工厂制度的过程。

几天的食物。如果说中国还不至于胀得胃痛难熬，至少已有点感觉不舒服。因此中国一度非常讨厌西方文化，她惧怕它，诅咒它，甚至踢翻饭桌，懊丧万分地离席而去，结果发现饭菜仍从四面八方向她塞过来。中国对西方文化的反感，正像一个人吃得过饱而闹胃痛以后对食物的反感。1898年的**康梁维新运动**❶，只是吃得过量的毛病；1900年的"**义和团之乱**"，则是一次严重而复杂的消化不良症，结果中国硬被拖上手术台，由西医来开刀，这些西医就是八国联军。这次医药费相当可观，共计四亿五千万两银子，而且她几乎在这次手术中丧命。

张之洞"**中学为体，西学为用**"的主张，事实上也不过是说：健全的胃比它所接受的食物对健康更重要。因此中国很想稳步前进，不敢放步飞奔。但是西方文化的潮流却不肯等她。西潮冲激着她的东海岸，泛滥了富庶的珠江流域和长江流域，并且很快弥漫到黄河流域。虽然她最近闹了一场严重的胃病，她也不得不再吃一点比较重要的食物。

到了1902年，胃口最佳的学生已为时代精神所沾染，革命成为新生的一代的口头禅。他们革命的对象包括教育上的、政治上的、道德上的，以及知识上的各种传统观念和制度，过去遗留下来的一切，在这班青年人看起来不过是旧日文化的骸骨，毫无值得迷恋之处。他们如饥如渴地追求西方观念，想借此抵消传统的各种影响。

---

❶ 见课后延展阅读：《少年中国说（节选）》。

◆ 康梁维新运动：1898年（清光绪二十四年，戊戌年）6月11日，光绪帝采纳维新派康有为、梁启超等人的主张，下诏"明定国是"，连续发出数十道除旧布新的改革谕令。至9月21日慈禧太后发动政变，历时一百零三日，史称"百日维新"。

◆ 义和团之乱：这是对义和团运动的歪曲。中日甲午战争后，帝国主义企图瓜分中国。面临民族危亡的威胁，中国人民掀起了反对帝国主义的义和团运动。最终义和团运动因八国联军的残酷镇压以及慈禧太后等当权者的出卖而失败。

◆ "中学……为用"：即"中体西用"，近代中国重要的社会思潮。鸦片战争后，魏源首创"师夷之长技以制夷"，为中体西用思想之先导。后被洋务派采用，成为洋务运动的指导思想。

第三课　中西方文化差异

五口通商后不久，中国即已建立兵工厂、码头、机器厂和外语学校，翻译了基本科学的书籍，而且派学生留学美国。因为她在抵抗西方列强的保卫战中屡遭败北，于是决定先行建立一支海军。一支小型的海军倒是真的建立起来了，结果却在1894年被日本所毁灭。日本是无法容忍中国有海军的。

海军既然建不成，中国就进一步进行政治、陆军和教育上的改革。北京的清朝政府开始准备采取西方的立宪政制，建立了新的教育制度，组织了现代化的军队和警察，并且派遣了大批学生出洋留学。这可算是中国文化有史以来首次自觉地大规模吸收外国文明，其结果对往后国民生活发生了非常深远的影响。

最重要的是教育上的改革，因为这些改革的计划最完善，眼光最远大，而且是针对新兴一代而发的，传统观念对这班年轻人的影响最小。后来这班年龄相若的学生逐渐成长而在政府中掌握大权，他们又采取了更多的西洋方法，使较年轻的一代有更佳的机会吸收新的观念思想。这年轻的一代接着握权以后，他们又进一步从事西化工作，更多的新措施也随之介绍到政府、军队和学校等部门。因此新兴的每一代都比前一代更现代化。

1919年北京的学生运动，北大教授所强调的科学和现代民主观念，以及胡适教授所提倡的文学革命，只是自觉地致力吸收西方思想的开端，这种努力在过去只限于工业和政治方面。这次自觉的努力比较更接近中国文化的中心，同时中国文化史也随

◆派学生留学美国：中国最早的官派留美计划，选派十二岁至十六岁学童一百二十名分四批逐年派遣美国留学十五年，经费由海关洋税指拨。后因国内外环境变动及意见纷争，1881年清政府下令全数撤回，其中多人后来成为中国近代社会事业骨干，如铁路工程师詹天佑等。

◆"1919……运动"：指五四运动。第一次世界大战结束后，英、法、美、日、意等国在巴黎召开对德和会，中国政府提出希望列强放弃在华特权、取消"二十一条"、收回被日本夺取的原德国在山东的权利，却遭到帝国主义国家拒绝，中国在外交上失败的消息传出，举国愤怒。1919年5月4日，北京三千多名学生在天安门前集会，要求拒绝签字，并惩办亲日派，遭到镇压。

◆"北大……观念"：指陈独秀提倡民主与科学的新文化运动。

之转入新页。因为中国正想借此追上世界潮流。中国文化把罗盘指向西方以后，逐渐调整航线，以期适应西方文化的主流。在今后五十年内，它在保持本身特点的同时，亦必将驶进世界未来文化共同的航道而前进。

到目前为止，中国已经从西化运动中获得很多好处。妇女与男子享受同等的社会地位，享受结婚和再嫁的自由，并且解放缠足，这就是受到西方尊重妇女的影响而来的。西方医药也已阻遏了猖獗的时疫，麻醉药的应用已使千万病人在施行手术时免除痛苦。机器和发明已经改进了生产技术，对于人民的生活提供了重大的贡献。现代作战武器增加了杀伤的能力，因而也招致了更大的生命损失。现代科学已经拓宽了知识范围；中国的历史、哲学和文学的研究工作已采用了科学方法。大家一向信守不疑的迷信，也因科学真理的启示而渐渐失势。我们吸收西方思想的能力愈强，我国的文化亦将愈见丰富。中国的现代化工作愈广泛彻底，则与中国国民生活结着不解缘的贫穷和疾病两大祸患亦将随之逐渐消灭。在这一方面，我认为现代化运动和西化运动，即使并非完全相同，也是不可分的，因为现代化运动肇始于西化，而且已经毫无间断地向前迈进。中国无法取此而舍彼。

西方被迫现代化，多少有点像中国之被迫西化。现代发明浪潮所经之处，随即改变了生产的方式，招致分配和控制的问题，并进而引起其他新的问题。人类必须适应日新月异的环境，进步就是由

◆肇始：开始。

第三课　中西方文化差异

环境的不断改变和人类适应新的环境产生的。你不妨看一看法国革命以后的欧洲情形，你或许会发现自从罗马帝国以来，欧洲大陆在表面上几无多大改变。但是你如果再仔细看看工业革命以后五十年来的欧洲情形，你一定会发现许多显著的变化。再隔五十年之后，你又会发现整个欧洲大陆和美洲都已经遍布了铁路网，一列列的火车则像千万条蜈蚣爬行在铁路上。烟囱高耸入云的工厂像蜂房一样集中在工业大城里。装载工业成品的轮船在港口穿梭进出，准备把工厂产品运送到世界的每一角落。

半世纪以前，这些轮船曾经把自来火、时辰钟、洋油灯、玩具，以及其他实用和巧妙的外国货带到中国。我童年时代在安宁的乡村里就曾经玩过这些洋货。我们天真而不自觉地吸收这些新鲜的玩意儿，实际上正是一次大转变的开端，这次转变结果使中国步上现代化之途，同时也经历了相伴而生的苦难、扰攘、危险，以及旧中国恬静生活的迅速消逝。

中国在此以前所吸收的外国东西，不论是自觉的或是不自觉的，都曾使人民生活更见充实丰富，而且并未导致任何纷扰。但是自从西方工业制品和思想制度传入以后，麻烦就来了。正像现代的磺胺药品，它们固然可以治病，但是有时候也会引起严重的副作用，甚至致人于死。中国所面临的问题就是如何吸收西方文化而避免严重的副作用。此项工作有赖于实验与科学研究，因为实验和科学研究是推动心理、社会、工业各项建设的基本工具。不过

◆自来火：指火柴，当时也叫"洋火"或"洋取灯"。

◆洋油灯：指煤油灯。

◆扰攘：混乱；不太平。

◆磺胺药品：一类用于预防和治疗细菌感染性疾病的药物，应用广泛，但可能引起过敏或肾脏损伤等。

这些工具仍然是西方的产物。

二、道德与理智

我在加州大学伦理学班上初次读到希腊哲学家的著作时，我开始觉得中国古代思想家始终囿于道德范围之内，希腊哲学家则有敏锐深刻的理智。后来我读了更多有关希腊生活和文化的书籍以后，更使我深信古代中国思想和古希腊思想之间，的确存在着这种鲜明的对照，同时我相信就是东西文化分道扬镳的主要原因。这种说法也许过于武断，但是据我后来的经验来说，我并未发现有予以修正的必要，而且我至今仍如此深信不疑。

我从美国留学回来以后，曾不断努力使国人了解发展理智的重要，无论是上课或写作，我总是经常提到苏格拉底、柏拉图和亚里士多德等名字，以致若干上海小报讥讽我是"满口柏拉图、亚里士多德的人"。我发现并没有多少人听我这一套，结果只好自认失败而放弃了这项工作，同时改变策略转而鼓吹自然科学的研究。事实上这是一种先后倒置的办法，我不再坚持让大家先去看看源头，反而引大家先去看看水流。他们看到水流以后，自然而然会探本穷源。

有人曾经请教一位著名的中国科学家，为什么中国未曾发展自然科学。他提出四个理由：第一，中国学者相信阴阳是宇宙中相辅相成的两大原则。第二，他们相信金、木、水、火、土，五行是构成

◆苏格拉底（前469—前399）：古希腊哲学家，在欧洲哲学史上最早提出唯心主义的目的论。

◆柏拉图（前427—前347）：古希腊哲学家，苏格拉底的弟子，是欧洲哲学史上第一个有大量著作传世的哲学家。

宇宙的五大要素，并把这种对物质世界的分析应用到人类生活以及医药方面。第三，中国人的粗枝大叶，不求甚解。这是精确计算的大敌。第四，中国学者不肯用手，鄙夷体力劳动。

这些很可能都是自然科学发展的障碍，但是即使没有这些障碍，我也不相信自然科学就能发展起来，因为我们根本就没有注意到这方面的工作。

我们中国人最感兴趣的是实用东西。我在美国时常常发现，如果有人拿东西给美国人看，他们多半会说："这很有趣呀！"碰到同样情形时，中国人的反应却多半是："这有什么用处？"这真是中国俗语所谓智者见智，仁者见仁。心理状态的不同，所表现的兴趣也就不同了。我们中国对一种东西的用途，比对这种东西的本身更感兴趣。

中国思想对一切事物的观察都以这些事物对人的关系为基础，看它们有无道德上的应用价值，有无艺术价值，是否富于诗意，是否切合实用。古希腊的科学思想源于埃及与巴比伦。巴比伦的天文学和埃及的几何学，和中国天文数学一样，都以实际应用为目的。但是希腊学者具有重理知的特性，他们概括并简化各种科学原则，希望由此求出这些科学的通理。这种追求通理的过程为天然律的发现铺平了道路。

对希腊人而言，一共有两个世界，即官觉世界与理性世界。官觉有时会弄玄虚；所以哲学家不能信赖他的官觉的印象，而必须发展他的理性。柏拉图坚主研究几何学，并不是为了几何学的实际用

◆ 不求甚解：态度不认真，不求深入理解。

◆ "智者……见仁"：指对同一个问题，各人观察的角度不同，见解也不相同。

◆ 巴比伦：古代两河流域最大的城市。古巴比伦王国与新巴比伦王国首都。

◆ 官觉世界：通过人的感官（官觉即感觉器官的知觉）所认知到的世界。

途，而是想发展思想的抽象力，并训练心智使之能正确而活泼地思考。柏拉图把思想的抽象力和正确的思考能力应用在伦理与政治上，结果奠定了西方社会哲学的基础；亚里士多德把它们应用在研究具体事物的真实性上，结果奠定了物质科学的基础。

亚里士多德相信由官觉所得知识的真实性。他并有惊人的分析的理智力，他的这种理智力几乎在任何学问上都留有痕迹。他认为正确的知识不但需要正确地运用理性，同时也牵涉官觉的正确运用；科学的进步则同时仰赖推理能力和观察能力的发展。亚里士多德从应用数学演绎出若干通则，研究与探讨这些原则是一种心智的锻炼，他便由此训练出一种有力而深刻的理智力。凭着这种训练有素的理智力以及官觉的正确运用，他创造了一套成为现代化科学基础的知识系统。使西方思想系统化的逻辑和知识理论，也同是这种理智锻炼的产物。

中国思想集中于伦理关系的发展上。我们之对天然律发生兴趣，只是因为它们有时可以作为行为的准则。"四书"之一的《大学》曾经提出一套知识系统，告诉我们应该先从格物着手，然后才能致知。知识是心智发展的动力。

到此为止，我们所谈的还是属于知识方面的。讨论再进一步以后，道德的意味就加强了。心智发展是修身的一部分，修身则是齐家的基础。齐家而后方能治国，国治而后方能平天下。从格物致知到平天下恰恰形成一个完整的，非常实际的，道德上的理想体系。在中国人看起来，世界和平绝非梦

第三课　中西方文化差异

想，而是实际的道德体系。因为国家的安定必然是与国际和平密切关联的。离开此目标的任何知识都是次要的或无关痛痒的。

在这种学问态度之下，查问地球究竟绕日而行，抑或太阳绕地球而运行，原是无关痛痒的事。

再说，我们何苦为沸水的膨胀而伤脑筋？瓦特实在太傻了！我们中国人倒是对沸水的嘶嘶声更感兴趣，因为这种声音可以使我们联想到煮茗待客的情调。那该多么富于诗意！

苹果落地是自然的道理，中国人可以在这件事情中找出道德意义。他们会说，一样东西成熟了，自然就掉下来。因此，你如果好好地做一件事情，自然就会得到应有的结果，为此多伤脑筋毫无好处。如果你家花园里的苹果不是往地下落，而是往天上飞，那倒可能使中国人惴惴不安，认为老百姓即将遭逢劫难。彗星出现，或者其他习见情形失常，中国人就是如此解释的。只有牛顿这种人才会从苹果落地想到地心吸力上面去。

我一度鼓吹发展理智，结果徒劳无功，原因不言而喻。这些古希腊人物和他们的学说对中国有什么用？在我们中国人的眼光里，自然科学的价值只是因为它们能够产生实际的用途。希腊哲学家离现代自然科学太远了，他们还有些什么实际用途呢？我们中国人对科学的用途是欣赏的，但是对为科学而科学的观念却不愿领教。中国学者的座右铭就是"学以致用"。

在这样的心理状态之下，中国未能发展纯粹

◆瓦特（1736—1819）：英国发明家。对当时已出现的原始蒸汽机作了一系列重大改进和发明。为纪念瓦特，国际单位制中，功率、辐射能通量的单位简称"瓦"。

◆牛顿（1643—1727）：英国物理学家、数学家、天文学家。牛顿运动定律的建立者以及万有引力定律的发现者。为纪念牛顿，国际单位制中力的单位简称"牛"。

科学是毫不足奇的,因为纯粹科学是知识兴趣的表现,而非实际应用的产物。我们曾经建造长城和运河,也曾建设伟大的水利工程;我国建筑式样的宏丽,我们的宫殿和庙宇,都曾获得举世人士的激赏。这些工程足与世界上最伟大的工程成就相提并论。但是它们并不是纯粹科学的基础上发展而来的。因此它们无论如何伟大,也没有进一步发展的可能,直到现代工程技术输入以后,才见转机。如果没有纯粹科学,现代工程科学根本无法达到目前的巅峰状态。中国人所发明的指南针和火药曾使全世界普受其利,但是发现火药爆炸的膨胀原理,把这原理应用于沸水,并进而发明蒸汽机的,结果还是西洋人。

在中国,发明通常止于直接的实际用途。我们不像希腊人那样肯在原理原则上探讨;也不像现代欧洲人那样设法从个别的发现中归纳出普遍的定律。现代欧洲人的这种习性是从古希腊继承而来的,不过较诸希腊时代更进步而已。中国人一旦达到一件新发明的实用目的,就会马上止步不前;因此中国科学的发展是孤立无援的,也没有科学思想足为导向的明灯。科学发展在中国停滞不进,就是因为我们太重实际。

我并不是说中国人不根据逻辑思考,而是说他们的思想没有受到精密的系统的训练。这缺点已经反映在中国哲学、政治组织、社会组织,以及日常生活之中。世界其余各地的人民普遍享受现代科学的光明和工业社会的福利以后,这种缺点在中国已

第三课　中西方文化差异

经更见显著。

除了重实际之外，我们中国人还充满着强烈的道德观念。也可以说正因为我们注重道德，我们才重实际。因为道德系指行为而言，行为则必然要凭实际结果来判断。希腊人在物理学和形而上学方面曾有离奇的幻想和推测，但是我们对行为却不可能有同样的幻想和推测。

有时候我们也可能闯出重实际重道德的思想常规，但是我们一旦发觉离开伦理范围太远时，我们马上就会收回心灵的触角。宋代的朱子就曾有一次超越道德的范围。他从山顶上发现的贝壳而推断到山脉的成因。他认为山势的起伏显示千万年以前的山脉一定是一种流体，山顶上的贝壳正可以证明，目前的山峰一度曾是深渊之底。至于这种流体何时凝结为山脉，如何凝结为山脉，以及海底如何突出水面而成高峰等等问题，他却无法解答了。他的推断也就到此为止，深恐冒险前进要栽筋斗。在朱子之前以及朱子之后都曾有过同样的观察自然的例子，但是中国思想家在理论方面的探讨一向是谨慎的，唯恐远离伦理关系的范围。

中国人当然不是缺乏理智的民族，但是他们的理智活动却局限于道德与实用的范围。他们像蚕一样作茧自缚，自立智识活动的界限。他们深爱他们的道德之茧，而且安居不出。中国人的生活就是一种乐天知命的生活。中国哲学的目标是安定。求进步？算了吧——进步势将招致对现状的不满，不满现状则会破坏安定，中国人很满意现实世界，从来

◆乐天知命：安于自己的处境，顺应命运的安排。

◆ 无远弗届：不管多远之处，没有不能到达的。

◆ 欧几里得（约前330—前275）：古希腊数学家。著有《几何原本》，是世界上最早的公理化数学著作。

不想对大自然做深入的探讨。中国未曾发展自然科学，只是因为她根本无意于此。

希腊人却大不相同。亚里士多德的思想可以上天入地，无远弗届。整个宇宙都是希腊理智活动的范围。希腊人觉得运用理智，本身就是一种快乐。他们不管它是否切合实际，也不管它与道德伦理有没有关系。据说古希腊数学家欧几里得的一位学生曾经这样问过老师："我学这些东西能得到些什么呢？"欧几里得吩咐他的仆人说："既然他一定要从所学的里面得到些东西，你就给他六个铜板让他走吧。"希腊人甚至对道德也发展了一套伦理学，以理智的研究来检讨道德的正确性。苏格拉底就是因此而招致了麻烦，被控以危险的研究毒害青年的心灵。

自然科学之能发展到目前的阶段，首先归功于希腊人对大自然的观念以及对有系统的智力训练的爱好，中间经过文艺复兴、宗教革命、法国革命，后来又受到工业革命的大刺激。工业革命使工具和技术逐渐改进。西欧在自然科学的后期发展中，从未忽视科学的实际用途。不断的发明和发现更进一步刺激了科学研究。理论科学和应用科学齐头并进，而相辅相成。

五口通商以后，现代科学开始涓涓滴滴地流传到中国时，引起中国学者注意的还是科学的实用价值。他们建立了兵工厂和轮船码头。他们附带翻译了基本科学的书籍。究竟是太阳绕地球运行或者是地球绕太阳运行，他们仍未感觉兴趣。在他们看起

第三课　中西方文化差异

来，那是无足轻重的，因为无论谁绕谁转，对人都没有实际的影响。三百多年前耶稣会教士把天文数学传到中国时，学者们马上发生兴趣，因为这些科学可以纠正当时中国日历上的许多错误。不但计算日子、月份、年份缺不得日历，就是播种收获，日历也是不可或缺的。

20世纪初叶，进化论传入中国。我国学者马上发现它的实用的道德价值。应用"物竞天择，适者生存"这项天然律，他们得到一项结论，知道世界各国正在互相竞争以求生存，而且经过天择之后只有适者才能生存。中国会不会是适者？她会不会生存呢？她必须竞争，为生存而竞争！进化论如需证据，只要看街头大狗和小狗打架，小狗会被大狗咬死，小虫碰到大虫，小虫会被大虫吃掉的事实。俗语说："大虫吃小虫，小虫吃眯眯虫。"这已经足够证明"物竞天择，适者生存"的正确性了，又何必向达尔文讨证据呢？他们就这样轻易地为达尔文的科学研究披上了一件道德的外衣。下面就是他们道德化的结果，他们说："弱肉强食。"中国既然是弱国，那就得当心被虎视眈眈的列强吃掉才行。

进化论的另一面则被应用于历史上，照中国过去学者的历史观，世运是循环的。受了达尔文学说影响以后，他们相信世运是依直线进行的，不进则退，或者停住不动。这种历史观的转变，对中国学者对进步这一观念发生了重大的影响。

阴阳和五行等观念显然是从直接观察大自然得来，拿这些观念来理性化宇宙的变幻和人类的行为

◆进化论：也称"演化论"，旧称"天演论"。指生物界的进化理论。达尔文的《物种起源》一书奠定了进化论的科学基础。

◆达尔文：英国博物学家，进化论的奠基人。1859年，出版《物种起源》，成为生物学史上的一个转折点。

195

已经绰有余裕。我们不必做精密的计算,更不必动手。我猜想,中国学者如果有兴趣从事体力劳动,他们宁愿去制作实用的东西,或者美丽的艺术品,而不愿在科学实验室里从事试验。大家仍旧只根据自己的兴趣去思想,去行动。磁针永远是指向磁极的。

这样的心理状态自然不是纯粹科学的园地。不过中国已在慢慢地、不断地改变她的态度,她已经从运用科学进而研究纯粹科学,从纯粹科学进而接触到新的思想方法,最后终于切实修正了她的心理状态。我们已经在道德宇宙的墙上开了一扇窗子,凭窗可以眺望长满科学与发明果实的理智的宇宙。

这种心理状态的改变已经使大自然有了新的价值,从此以后,大自然不再仅仅是道德家或诗人心目中的大自然,而且是纯粹科学家心目中的大自然。对现代中国人而言,宇宙不仅是我国先贤圣哲心目中的道德宇宙,而且是古希腊人心目中的理智宇宙。

道德家观察大自然的目的在于发现有利伦理道德的自然法则。科学家观察大自然则是为了发现自然法则,满足知识上的兴趣,也就是为知识而求知识。中国所吸收的现代科学已经穿越她那道德宇宙的藩篱,近代中国学人正深入各处探求真理。他们的思想愈来愈大胆,像一只小舟在浩瀚的海洋上扬帆前进搜寻秘密的宝藏。这种知识上的解放已经使年轻的一代对某些传统观念采取了批评的态度,对道德、政治和社会习俗予以严厉的检讨,其影响至

◆余裕:宽裕。

◆藩篱:用竹木编成的篱笆或围栅。引申为屏障。

为深远。年纪较大的一代忧虑宁静的道德乐园将被毁灭，惋叹太平盛世渐成过去，年轻的一代则为建筑新的知识之宫而竟日忙碌。

◆竟日：终日；整天。

我想这就是西方对中国的最大贡献。

在相反的一方面，把中国的学问加以整理研究，也可能对现代科学世界提供重大的贡献，希腊人研究巴比伦和埃及科学的结果就是如此。近年来对中国建筑、医学和实用植物学的初步科学研究已经有了可喜的成绩。

世界各国的文化奠基于不同的宇宙观。中国人所想的是一个道德的宇宙，并以此为基础而发展了他们的文化。希腊人所想的是一个理智的宇宙，也以此为基础发展了他们的文化。今日欧洲人的道德观念导源于基督教教义——一个上帝所启示的道德的宇宙。但中国人的道德宇宙是自然法则所启示的。基督徒努力想在地球上建立一个天国，中国人却只想建立一个和平安定的王国。

中国道德观念本诸自然，基督的道德观念则本诸神权；在中国人看起来，神只是大自然的一部分，在基督徒看起来，大自然却是上帝所创造的。由此可见基督教教条与科学之间的矛盾必然是很严重的，西方历史已经一再证明如此；科学与中国的道德观念之间的矛盾却比较缓和，因为二者的出发点都是大自然，所不同的只是发展的方向。

有人说过，基督教思想是天国的或神国的，中国思想是为人世的，希腊思想是个为人世的，换言之，即越出人世以外的。引导人类发现自然法则的就是这种超越人世的思想。自然法则是现代科学的基础。有了现代科学，然后才有现代发明。这种不为人世的思想在科学上应用的结果，如果说未为世界带来和平与安定，至少也已为世界带来繁荣。

据我个人的看法，欧洲文化的发展过程就是基督教的道德宇宙与希腊的理智宇宙之间的一部斗争史。文艺复兴、宗教革命和法国革命，都不过是长久淹没在道德宇宙下的理智宇宙的重现而已，这些运动事实上只是同一潮流中的不同阶段。最后工业革命爆发，理智宇宙经过几百年的不断发展，终于涌出水面，奔腾澎湃，横扫全球。工业革命狂潮的前锋，在我童年时代前后已经突然冲到中国；它冲破了我们的道德宇宙，破坏了我们的安定生活；《西潮》所讲的正是这些故事。

道德宇宙不可能产生理智宇宙的果实，理智宇宙也不可能产生道德宇宙的果实。科学之果只能在理智之园成长，在基督教教条或中国的道德观念之下，不可能产生任何科学。

不错，我们发现古时的墨子也有过科学思想，但是那只是他哲学体系中无关紧要的一部分，这些科学思想只是行星的卫星，墨子的哲学体系基本上仍旧是属于道德方面的。

科学的发展有赖于人们全力以赴，需要对超越人世以外的真理持有梦寐以求的热忱；并且有赖于不屈不挠无休无止的思维和不偏不倚的精神去探索真理；无论身心，均须不辞劳瘁，愈挫愈奋。换一句话说，科学是人的整个灵魂从事知识活动的

◆《西潮》：中国教育家蒋梦麟（1886—1964）著。内容主要涵盖了从1842年《中英南京条约》割让香港岛到1941年珍珠港事件这一百年间中国发生的重大历史事件。对于了解中国近代历史、社会变迁以及中西文化交流等具有重要的价值。

第三课 中西方文化差异

结果。仅凭玩票的态度，或者偶尔探讨大自然的奥秘，或者意态阑珊，不求甚解，绝不可能使人类荣获科学的桂冠。

在现代科学影响之下，中国正在建立起一个新的道德体系。扬弃了迷信和那些对大自然似是而非的推断，经过理智探究的考验，并受到社会科学结论的支持，这些结论是根据对社会的实地调查而获得的。

在另一方面，我们绝不可忘记中国旧的道德体系，这个旧体系是经过千百年长期的经验和历代不断的努力而建立起来的，建立过程中所运用的方法或工具包括四书五经、一般文学、雕刻、音乐、家庭、戏剧、神佛、庙宇，甚至玩具，这个道德体系曾使中国人诚实可靠，使中国社会安定平静，并使中国文化历久不衰。道德观念如忠、孝、仁、义、诚、信、中庸、谦冲、诚实等等，都曾对中国人的心情个性有过重大贡献。现代科学所导致的知识上的忠实态度，自将使几千年来道德教训所产生的这些美德更为发扬光大。

◆谦冲：谦虚。

一片新的知识园地将与新的道德观念同时建立起来，以供新中国富于创造能力天才的发展。我们将在儒家知识系统的本干上移接西方的科学知识。儒家的知识系统从探究事物或大自然出发，而以人与人的关系为归趋；西方的科学知识系统也同样从探究事物或大自然出发，但以事物本身之间的相互关系为归趋，发展的方向稍有不同。

◆归趋：归向，趋向。

道德宇宙与理智宇宙将和在西方一样在中国平

行并存，一个保持安定，一个促成进步。问题在于我们是否能觅得中庸之道。

三、中国人的人情

我们说，学以致用，那么所谓"用"又是什么呢？这里有两大原则：第一是有益于世道人心，第二是有益于**国计**民生。这是为世俗所熟知的，亦即《左传》里所说的"正德利用厚生"。这两大原则是先贤圣哲几千年来训诲的总结，他们所说所论最后总是归结到这两点。学者们从先贤学到这些原则，然后又把所学传播给老百姓。老百姓在这种影响之下已逐渐而不自觉地形成一种重常识与重人情的心理。他们根据上述两大原则，随时要问这样东西有什么用，那样东西有什么用。

轮船火车传到中国时，大家都很愿意搭乘，因为它们走得比较快。他们采用洋油灯，因为洋油灯比较亮。电话电报使消息传递更为便利，而且不像邮寄或者专差送递那样迟缓。有了钟表以后，可以不必看太阳就知道正确的时刻。大家购买西方货品，因为它们能够满足日常生活中的实际需要。

传教士到了中国以后，到处设立学校和医院。中国人异口同声地说：这些人真了不起啊，他们为患病者诊疗，又使贫穷的子弟受教育。当中国人上**礼拜堂**听福音时，许多人的眼睛却瞅在医院和学校上面。他们的手里虽然拿着《圣经》，眼睛却偷偷地瞅着**牧师**从西方故乡带来的实用货品。我父亲与

◆国计：治国大计。

◆传教士：传播宗教的人士。
◆礼拜堂：礼拜，基督教新教的主要宗教活动。基督教认为耶稣基督"受难"后，在星期日"复活"，故以该日为礼拜日。礼拜多在礼拜堂举行，由牧师主礼。
◆牧师：基督教新教大多数宗派中主持宗教仪式、管理教务的人员。一般是专职的宗教教职人员。

第三课 中西方文化差异

当地的一位牧师交了朋友，因为这位牧师替我们修好了抽水机，并且还送给我们咳嗽糖和<u>金鸡纳霜</u>。他非常诚实，而且对邻居很客气。最后一点非常重要，因为中国人不但实际，而且最重道德。那么，他们所宣扬的宗教怎么样？哦，那是一个好宗教，它是劝人为善的。那么，他们的上帝呢？哦，当然，当然。你说他们的上帝吗？他是个好上帝呀。我们要把它与其他好神佛一齐供奉在庙宇里。我们应崇拜它，在它的面前点起香烛。但是它不肯与你们的偶像并供在庙宇里又怎么办呢？那么，我们就给它也塑个偶像吧！不行，那怎么可以？它是无所不能，无所不在的。上帝就在你身上，而不是在偶像上。哦，是的，是的。不过它不在我身上时，也许喜欢托身在偶像上呢。不，它住在天堂。是，是，我知道，其他神佛不也都是住在天上吗？不过，他也许愿意到下界来玩玩，拿庙宇作旅馆暂住，那时候我们就可以在庙宇里祭拜它了。不行，它是独一无二的神——你崇拜它，就不能崇拜其他的神佛。

这可使中国人颇费<u>踌躇</u>了。最后他们说，好吧，你们崇拜你们的上帝，我们还是崇拜我们的神佛算了。"信者有，不信者无。"中国对宗教的<u>包容并蓄</u>，其故在此。

西方人所了解的现代法律观念在中国尚未充分发展。中国人以为最好是不打官司。不必诉诸法律就能解决纠纷不是很好吗？还是妥协算了！让我们喝杯茶，请朋友评个理，事情不就完了？这样可

◆ 金鸡纳霜：即奎宁。抗疟疾药。

◆ 踌躇：犹豫不决。

◆ 包容并蓄：对各种不同内容的东西一并收罗藏蓄。

以不必费那么多钱，不必那么麻烦，而且也公平得多。打官司有什么用？你常常可以在县城附近的大路旁边看到一些石碑，上面刻着"莫打官司"四个大字。

这或许就是中国人不重法律的原因。但是现代工商业发达以后，社会也跟着变得复杂了，处理复杂的社会关系的法律也成为必需的东西，法律成为必需时，通达人情的中国人自将设法发展法律观念。但是，如果能凭饮杯茶，评个理就解决事端，法院的负担不是可以减轻了吗？

"己所不欲，勿施于人。"批评家说这是消极的，"己之所欲，施之于人"才算积极。不错，这说法很正确。但是中国人基于实际的考虑，还是宁愿采取消极的作风。你也许喜欢大蒜，于是你就想强迫别人也吃大蒜，那是积极的做法。我也许觉得大蒜味道好，别人却未必有同样的感觉；他们也许像太太小姐怕老鼠一样怕大蒜。如果你不爱好臭味冲天的大蒜，难道你会高兴别人硬塞给你吃吗？不，当然不。那么，你又何必硬塞给别人呢？这是消极的，可是很聪明。因为坚持积极的办法很可能惹出麻烦，消极的作风则可避免麻烦。

以直报怨，以德报德。自然，更高的理想应该是爱敌如己。但是历史上究竟有多少人能爱敌如己呢？这似乎要把你的马车赶上天边的一颗星星，事实上，那是达不到的。以直报怨则是比较实际的想法。所以中国人宁舍理想而求实际。

音乐有没有用处？当然很有用。它可以陶冶性

◆ "以直……报德"意为：用正直来回报怨恨，用恩德来回报恩德。

情，可以移风易俗。

艺术有没有用处？当然很有用。艺术可以培养人民的高尚情操，有益于世道人心。花卉草木、宫殿庙宇、山水名画、诗词歌赋、陶瓷钟鼎、雕塑篆刻等等都足以启发人的高尚情操。

一个人为什么必须诚实呢？因为你如果不诚实，不可靠，人们就不会相信你，你在事业上和社交上也会因此失败，不诚实是不合算的。诚实不但是美德，它的实际效果对人与人之间的关系也有很大的价值。

中国人爱好幽默。为什么？因为幽默的话不会得罪人；而且你可从幽默中觅得无限的乐趣。你如果常常提些无伤大雅而有趣的建议，你一定可以与大家处得更好。幽默使朋友聚晤更觉融洽，使人生更富乐趣。

有恒为成功之本。只要有恒心，铁杵磨成针。

有一个夏天下午，杜威教授、胡适之先生和我三个人，在北平西山看到一只屎蜣螂正在推着一个小小的泥团上山坡。它先用前腿来推，然后又用后腿，接着又改用边腿。泥团一点一点往上滚，后来不知怎么一来，泥团忽然滚回原地，屎蜣螂则紧攀在泥团上翻滚下坡。它又从头做起，重新推着泥团上坡，但结果仍旧遭遇同样的挫败。它一次接一次地尝试，但是一次接一次地失败。适之先生和我都说，它的恒心毅力实在可佩。杜威教授却说，它的毅力固然可嘉，它的愚蠢却实在可怜。这真是智者见智，仁者见仁。同一东西却有不同的两面。这位

◆屎蜣螂：俗称"屎壳郎"。中医药书称"推丸""推车客"。一种昆虫。

◆道地：地道。真正的；正宗的。

◆果腹：吃饱肚子。

◆安贫乐道：安于清贫的境遇，乐于奉行自己信仰的道德准则。

杰出的哲学家是道地的西方子弟，他的两位学生却是道地的东方子弟。西方惋叹屎蜣螂之缺乏智慧，东方则赞赏它之富于毅力。

中国人多半乐天知命。中国人如有粗茶淡饭足以果腹，有简陋的房屋足以安身，有足够的衣服可以御寒，他就心满意足了。这种安于俭朴生活的态度使中国亿万人民满足而快乐，但是阻滞了中国的进步。除非中国能够工业化，否则她无法使人民达到高度的物质繁荣。或许在今后的一段长时间内，她的亿万人民仍须安贫乐道。

中国人深爱大自然，这不是指探求自然法则方面的努力，而是指培养自然爱好者的诗意、美感或道德意识。月下徘徊，松下闲坐，静听溪水细语低吟，可以使人心神舒坦。观春花之怒放感觉宇宙充满了蓬勃的精神；见落叶之飘零则感觉衰景的凄凉。

中国人从大自然领悟到了人性的崇高。北京有一个天坛，是用白色大理石建造的，这个天坛就是昔日皇帝祭天之所。一个秋天的夜晚，万里无云，皓月当空，银色的月光倾泻在大理石的台阶上，同时也弥漫了我四周的广大空间。我站在天坛的中央，忽然之间我觉得自己已与天地融而为一。

这次突然升华的经验使我了解中国人为什么把天、地、人视为不可分的一体。他们因相信天、地、人三位一体，使日常生活中藐不足道的人升入庄严崇高的精神境界。茫无边际的空间、灿烂的太阳、澄明的月亮、浩繁的星辰、葱翠的树木、时序

第三课　中西方文化差异

的代谢、滋润五谷的甘霖时雨、灌溉田地的江河溪涧、奔腾澎湃的海浪江潮、高接云霄的重峦叠嶂，这一切的一切，都培养了人的崇高精神。人生于自然，亦养于自然；他从大自然学到好好做人的道德。大自然与人是二而为一的。

◆代谢：更迭；交替。

大自然这样善良、仁慈、诚挚，而且慷慨，人既然是大自然不可分的一部分，人的本性必然也是善良、仁慈、诚挚，而且慷慨的。中国人的性善的信念就是由此而来。邪恶只是善良的本性堕落的结果。中国伟大的教育家和政治家始终信赖人的善良本性，就是这个缘故。伟大政治家如孙中山先生，伟大教育家如蔡子民先生，把任何人都看成好人，不管他是张三、李四，除非张三或李四确实证明是邪恶的。他们随时准备饶恕别人的过错，忘记别人的罪愆。他们的伟大和开明就在这里。所以我国俗语说"宰相腹内可撑船"，又用"虚怀若谷"来形容学者的气度。

◆孙中山（1866—1925）：中国近代伟大的民主革命家。1905年在日本东京组建中国同盟会，被推为总理；确定"驱除鞑虏，恢复中华，建立民国，平均地权"的革命政纲，提出三民主义学说；创办《民报》。1911年武昌起义后在南京被推举为中华民国临时大总统。

大自然是中国的国师。她的道德观念和她的一切文物都建筑于大自然之上。中国文化既不足以控制自然，她只好追随自然。中西之不同亦即在此。道德家和诗人的责任是追随自然，科学家的责任则是控制自然。中国年轻一代在西方文明影响之下，已经开始转变——从诗意的道德的自然欣赏转变到科学的自然研究。中国此后将不单凭感觉和常识的观察来了解自然，而且要凭理智的与科学的探讨来了解自然。中国将会更真切地认识自然，更有效地控制自然，使国家臻于富强，使人民改善

◆蔡子民：即蔡元培（1868—1940），号子民。中国民主革命家、教育家。1912年1月任南京临时政府教育总长，1917年任北京大学校长，提倡"思想自由""兼容并包"的办学方针。

◆罪愆：罪过；过失。

205

生活。

有人以为科学会破坏自然的美感，其实未必如此。我现在一面握笔属稿，一面抬头眺望窗外，欣赏着花园中在雨后显得特别清新的松树和竹丛。在竹丛的外边，我还可以看到长江平静徐缓地在重庆山城旁边流过。大自然的美感使我心旷神怡。但是我如果以植物学观点来观察树木，我会想到它们细胞的生长、树液的循环，但是这种想法并不至于破坏我的美感。如果我以地理学的观点来看长江，我可能想到挟带污泥的江水之下的河床，亿万年之前，这河床或许只是一块干燥的陆地，也可能是深海之底。这些思想虽然在我脑海掠过，但是长江优美的印象却始终保留在我心里，甚至使我产生更丰富的联想。如果说对于细胞作用的知识足以破坏一个人对松树或竹丛的美感，那是不可想象的。我觉得科学的了解只有使大自然显得更奇妙更美丽。

中国人因为热爱大自然的美丽，同时感觉大自然力量之不可抗拒，心里慢慢就形成了一种强烈的宿命论。无论人类如何努力，大自然不会改变它的途径。因此，洪水和旱灾都不是人力所能控制的，人们不得不听任命运的摆布。既然命中注定如此，他们也就不妨把它看得轻松点。天命不可违，何必庸人自扰？我们发现中国的许多苦力也笑容满面，原因在此。苦难是命中注定的，何不逆来顺受？

抗战期间，中国人民表现了无比的忍受艰难困

◆属稿：起草文稿。

◆宿命论：认为人事和历史的发展由一种不可抗拒、不可避免的神秘力量（天意或命运）所决定的宗教和唯心主义学说。

苦的能力，秘密就在此。尽力而为之，其余的听天由命就是了。你最好乐天知命，秋天的明月、六月的微风、春天的花朵、冬天的白雪，一切等待你去欣赏，不论你是贫是富。

（选自《西潮·新潮》）

> **延展阅读**
>
> ## 少年中国说（节选）
> ### 梁启超
>
> 【原文】
>
> 　　故今日之责任，不在他人，而全在我少年。少年智则国智，少年富则国富，少年强则国强，少年独立则国独立，少年自由则国自由，少年进步则国进步，少年胜于欧洲则国胜于欧洲，少年雄于地球则国雄于地球。
>
> 　　红日初升，其道大光。河出伏流，一泻汪洋。潜龙腾渊，鳞爪飞扬。乳虎啸谷，百兽震惶。鹰隼试翼，风尘吸张。奇花初胎，矞矞皇皇。干将发硎，有作其芒。天戴其苍，地履其黄。纵有千古，横有八荒。前途似海，来日方长。
>
> 　　美哉，我少年中国，与天不老！壮哉，我中国少年，与国无疆！

【译文】

　　所以说今天的责任,不在别人身上,而全在我们少年身上。少年一代有智慧国家就智慧,少年一代富足国家就富足,少年一代强大国家就强大,少年一代独立国家就独立,少年一代自由国家就自由,少年一代进步国家就进步,少年一代胜过欧洲国家就胜过欧洲,少年一代称雄于世界国家就称雄于世界。

　　红日刚刚升起,道路充满霞光。黄河从地下冒出来,汹涌奔泻浩浩荡荡、潜龙从深渊中腾跃而起,鳞爪舞动飞扬;小老虎在山谷吼叫,所有的野兽都害怕惊慌;鹰隼展翅试飞,掀起狂风,飞沙走石。奇花刚开始孕起蓓蕾,华美瑰丽,富丽堂皇。宝剑在磨刀石上磨出来,发出耀眼的光芒。头顶着苍天,脚踏着黄土大地。从纵的时间看有悠久的历史,从横的空间看有辽阔的疆域。前途像海一般宽广,未来的日子无限远长。

　　美丽啊,我的少年中国,将与天地共存不老!雄壮啊,我的中国少年,将与祖国万寿无疆!

红日初升,其道大光

主讲人 汤用彤

文化思想之冲突与调和

自日本发动侵略战争以来，世界全部渐趋混乱，大家所认为最高的西洋文化产生了自杀的现象。人类在惨痛经验之中渐渐地觉悟到这种文化的本身恐怕有问题。这个问题太大，和全世界有关系，我不能加以讨论。中国与西洋交通以来，因为被外族的欺凌，也早已发生了文化的前途到底如何的问题。直到现在，这个问题犹未决定。有人主张用中国文化做本位，有人主张全盘西化。这个问题也太大，我也不能加以讨论。不过关于外来文化思想和本有文化接触时，发生的问题确实有两方面：一方面我们应该不应该接受外来文化，这是价值的评论；一方面我们能不能接受外来文化，这是事实上的问题。关于价值的评论，我们应不应该接受，我已经说过，现在不能加以讨论。关于事实上的问题，我们能不能，问题也非常复杂，我们不是预言家，也不相信预言，现在也不能讨论。不过将来的事虽然现在我们不能预知，过去的事，往往可以做将来的事的榜样。古人说得好，"前事不忘，后事之师"。现在虽不能预测将来，但是过去我们中国也和外来文化思想接触过，其结果是怎么样呢？这

◆ "有人……西化"：一部分人提出应该以中国文化作为根本立场和核心基础，在此基础上进行发展和创新；而另一部分人则主张完全抛弃中国的传统文化和现有体系，全面接受西方的文化、制度和价值观。

◆ "前事……之师"：记住过去的经验教训，可以作为以后行事的借鉴。

第三课　中西方文化差异

也可以供我们参考。而现在科学中的文化人类学，也对于文化移植问题积极地研究，他们所研究的多偏于器物和制度，但是思想上的问题，恐怕也可以用他们的学说。

"文化的移植"，这个名词是什么意义呢？这就是指着一种文化搬到另一国家和民族而使它生长。这中间似包括两个问题：第一个是问外来的文化移植到另一个地方是否可有影响；第二个是问本地文化和外方接触是否能完全变了它的本性，改了它的方向。这个问题当然须先承认一个文化有它的特点，有它的特别性质。根据这个特性发展，这个文化有它一定的方向。现在拿思想做一个例子，第一个问题就是说外来思想是否可以在另一地方发生影响，这问题其实不大成问题。因为一个民族的思想多了一个新的成分，这个已经是一种影响。所以第一个问题不大成问题。第二个问题，就是说一个民族或国家的思想有它的特性，并且有它的方向，假使与外来思想接触，是否可完全改变原有特质和方向，这实在是一个问题。就拿中国文化和印度佛学的接触来说，向来的看法很不相同。照宋明儒家的说法，中国文化思想有不可磨灭的道统。而这个道统是由中国古圣先贤尧、舜、禹、汤、文、武、周公、孔子、孟轲、扬雄一代一代传下来的。中间虽经外来思想所谓佛学捣了一回乱，但宋明儒家仍是继承古国固有的道统。中国原有的文化特质并没有失掉，中国文化的发展自三代以来究竟没有改换它的方向。但是照另一说法，却是与儒者意思相

◆扬雄（前53—18）：也作杨雄。西汉文学家、哲学家、语言学家。

211

> ◆阳儒阴释：表面上推崇儒家学说，而实际上却信奉、宣扬佛教思想。

反。他们说中国思想因印度佛学进来完全改变，就是宋明儒家也是阳儒阴释，假使没有外来的佛学，就是宋明儒学也根本无由发生。

关于文化移植问题，文化人类学本有三种不同的学说。第一演化说，是比较早的主张。第二播化说，是后来很为流行的主张。第三是批评派和功能派，都是反对播化说的主张。假使将这三种学说应用到思想上，似乎可以这样说：照第一种学说，人类思想和其他文化上的事件一样，自有其独立之发展演进。照这种说法如推到极端，就可以说思想是民族或国家各个生产出来的，完全和外来的文化思想无关。照第二种学说，则一个民族或国家的文化思想都是自外边输入来的。而且有一部分文化人类学者主张世界文化同出一源（就是埃及）。他们以为世界各地均以一个地方为它的来源，一个民族或国家的文化的主要骨干，是外来的。文化的发展是他定的而非自定的。假使照这样的说而说到极端，则一种文化思想推它的本源总根本受外方影响，而外方思想总可完全改变本来的特性与方向。本来外来文化之有影响是无问题的。但是推得太大太深，因此发生了疑问。所以才有第三派的主张出现。批评派的人或者功能派的人以为外来文化与本地文化接触，其结果是双方的，而绝不是片面的。外来文化思想和本地文化虽然不相同，但是必须两方面有符合的地方。所以第一，外来文化可以对于本地文化发生影响，但必须适应本地的文化环境。第二因外来文化也要适应本地的文化，所以也须适者生存。

第三课　中西方文化差异

外来文化思想也受本地文化的影响而常常有改变，然后能发生大的作用。外来文化为什么发生变化，当然因为本地文化思想有本地的性质和特点，不是随便可以放弃的。

因为一个地方的文化思想往往有一种保守或顽固性质，虽受外力压迫而不退让，所以文化移植的时候不免发生冲突。又因为外来文化必须适应新的环境，所以一方面本地文化思想受外来影响而发生变化；另一方面因外来文化思想须适应本地的环境，所以本地文化虽然发生变化，还不至于全部放弃其固有特性，完全消灭本来的精神。所以关于文化的移植我们赞成上面说的第三个学说。就是主张外来和本地文化的接触，其结果是双方的。照以上所说，因为本来文化有顽固性，所以发生冲突。因为外来文化也须和固有文化适合，故必须两方调和。所以文化思想的移植，必须经过冲突和调和两个过程。经过以后，外来思想乃在本地生了根，而可发挥很大的作用。

照上面所说的，一国的文化思想固然受外来影响而发生变化。但是外来文化思想的本身也经过改变，乃能发生作用。所以本地文化思想虽然改变，但也不至于完全根本改变。譬如说中国葡萄是西域移植来的，但是中国的葡萄究竟不是西域的葡萄。棉花是印度移植来的，但是中国的棉花究竟不是印度的棉花。因为他们适合地方，乃能生在中国。也因为他们须适应新环境，他们也就变成中国的了。同样的道理，可以推知外来思想必须有改变，适合本国思想，乃能发生作用。不然则不能为本地所接受，而不能生存。所以本地文化虽然受外边影响而可改变，但是外来思想也须改变，和本地适应，乃能发生作用。所以印度佛教到中国来，经过很大的改变，成为中国的佛教，乃得中国人广泛的接受。举两个例来证明罢。第一我们知道中国灵魂和地狱的观念不是完全从印度来的。但佛经里面讲的鬼魂极多，讲的地狱的组织非常复杂。我们通常相信中国的有鬼论必受了佛经的影响。不过从学理上讲，"无我"是佛教的基本学说。"我"就是指着灵魂，就是通常之所谓鬼。"无我"就是否认灵魂之存在。我们看见佛经讲轮回，以为必定有一个鬼在世间轮回。但没有鬼而轮回，正是佛学的特点，正是释迦牟尼的一大发明。又通常佛教信徒念阿弥陀佛。不过"念佛"本指着坐禅之一种，并不是口里念佛（口唱佛名）。又佛经中有"十念相续"的话，以为是口里念佛名十次。不过"十念"的念字乃指着最短的时间，和念佛坐禅以及口里念佛亦不相同。中国把念字的三个意义混合，失掉了印度本来的意义。这是很简单却很重要的两个例子，可以证明外来文化思想到另一个地方是要改变它的性质与内容的。

外来文化思想在另一地方发生作用，须经过冲突和调和的过程。"调和"固然是表明外来文化思想将要被吸收，就是"冲突"也是他将被吸收的预备步骤。[1]因为粗浅地说，"调和"是因为

◆释迦牟尼：佛教创始人。
◆阿弥陀佛：梵语。意译"无量光佛""无量寿佛"。大乘佛教佛名。后世所谓"念佛"，多指念阿弥陀佛名号。
◆坐禅：佛教指静坐悟禅理。

---

[1] 见课后延展阅读：《论佛骨表》。

第三课 中西方文化差异

两方文化思想相同或相合,"冲突"是因为两方文化思想的不同或不合。两方总须有点相同,乃能调和。但是两方不同的地方,假使不明了他们中间相同的地方,也不能显明地暴露出来,而且不知道有不同而去调和是很粗浅的表面的囫囵的。这样的调和的基础不稳固,必不能长久。但是假使知道不同而去调和,才能深入,才不浮泛,这样才能叫外来文化,在另一文化中发生深厚的根据,才能长久发生作用。所以外来思想之输入,常可以经过三个阶段:(一)因为看见表面的相同而调和;(二)因为看见不同而冲突;(三)因再发现真实的相合而调和。这三段虽是时间的先后次序,但是指着社会一般人说的。因为聪明的智者往往于外来文化思想之初来,就能知道两方同异合不合之点,而做一综合。在第一阶段内,外来文化思想并未深入。在第二阶段内,外来文化思想比较深入,社会上对于这个外来分子看作一严重的事件。在第三阶段内,外来文化思想已被吸收,加入本有文化血脉中了。不过在最后阶段内,不但本有文化发生变化,就是外来文化也发生变化。到这时候,外来的已被同化。比方佛教已经失却本来面目,而成功为中国佛教了。在这个过程中与中国相同相合的能继续发展,而和中国不合不同的则往往昙花一现,不能长久。比方说中国佛教宗派有天台宗、华严宗、法相宗等等。天台、华严二宗是中国自己的创造,故势力较大。法相宗是印度道地货色,虽然有伟大的玄奘法师在上,也不能流行很长久。照这样说,一个国家

◆浮泛:浮浅;不切实。

◆玄奘(602或600—664):通称"三藏法师",俗称"唐僧"。唐佛教学者、旅行家,唯识宗创始人之一。因感国内对经义众说纷纭,难得定论,决心到天竺学习,求得解决。

民族的文化思想实在有他的特性，外来文化思想必须有所改变，合乎另一文化性质，乃能发生作用。

《史记》里有几句话，说"**居今之世，志古之道，所以自镜也。未必尽同**"。过去的事不能全部拿来做将来的事的榜样。上面所说的，并不断定将来和过去必定一样。不过仅仅推论以往历史的原委，以供大家的参考而已。

（选自《汤用彤全集》）

◆ "居今……尽同"意为：生活在当今的时代，却向往古代的治国原则，用它来作为自我对照的镜子。但现在和古代不一定完全相同。

延展阅读

论佛骨表
[唐]韩愈

【原文】

臣某言：伏以佛者，夷狄之一法耳，自后汉时流入中国，上古未尝有也。昔者黄帝在位百年，年百一十岁；少昊在位八十年，年百岁；颛顼在位七十九年，年九十八岁；帝喾在位七十年，年百五岁；帝尧在位九十八年，年百一十八岁；帝舜及禹，年皆百岁。此时天下太平，百姓安乐寿考，然而中国未有佛也。其后殷汤亦年百岁，汤孙太戊在位七十五年，武丁在位五十九年，书史不言其年寿所极，推其年数,盖亦俱不减百岁。周文王年九十七岁,武王年九十三岁,穆王在位百年。此时佛法亦未入中国,非因事佛而致然也。

汉明帝时,始有佛法,明帝在位,才十八年耳。其后乱亡相继,运祚不长。宋、齐、梁、陈、元魏已下,事佛渐谨,年代尤促,惟梁武帝在位四十八年,前后三度舍身施佛,宗庙之祭,不用牲牢,昼日一食,止于菜果,其后竟为侯景所逼,饿死台城,国亦寻灭。事佛求福,乃更得祸。由此观之,佛不足事,亦可知矣。

高祖始受隋禅,则议除之。当时群臣材识不远,不能深知先王之道,古今之宜,推阐圣明,以救斯弊,其事遂止,臣常恨焉。伏维睿圣文武皇帝陛下,神圣英武,数千百年已来,未有伦比。即位之初,即不许度人为僧尼道士,又不许创立寺观。臣常以为高祖之志,必行于陛下之手,今纵未能即行,岂可恣之转令盛也?

今闻陛下令群僧迎佛骨于凤翔,御楼以观,舁入大内,又令诸寺递迎供养。臣虽至愚,必知陛下不惑于佛,作此崇奉,以祈福祥也。直以年丰人乐,徇人之心,为京都士庶设诡异之观,戏玩之具耳。安有圣明若此,而肯信此等事哉!然百姓愚冥,易惑难晓,苟见陛下如此,将谓真心事佛,皆云:"天子大圣,犹一心敬信;百姓何人,岂合更惜身命!"焚顶烧指,百十为群,解衣散钱,自朝至暮,转相仿效,唯恐后时,老少奔波,弃其业次。若不即加禁遏,更历诸寺,必有断臂脔身以为供养者。伤风败俗,传笑四方,非细事也。

夫佛本夷狄之人,与中国言语不通,衣服殊制;口不言先王之法言,身不服先王之法服;不知君臣之义,父子之情。假如其身至今尚在，奉其国命，来朝京师，陛下容而接之，不过宣政一见，礼宾一设，赐衣一袭，卫而出之于境，不令惑众也。况其身死已久，枯朽之骨，凶秽之馀，岂宜令入宫禁？

　　孔子曰："敬鬼神而远之。"古之诸侯，行吊于其国，尚令巫祝先以桃茢祓除不祥，然后进吊。今无故取朽秽之物，亲临观之，巫祝不先，桃茹不用，群臣不言其非，御史不举其失，臣实耻之。乞以此骨付之有司，投诸水火，永绝根本，断天下之疑，绝后代之惑。使天下之人，知大圣人之所作为，出于寻常万万也。岂不盛哉！岂不快哉！佛如有灵，能作祸祟，凡有殃咎，宜加臣身，上天鉴临，臣不怨悔。无任感激恳悃之至，谨奉表以闻。臣某诚惶诚恐。

【译文】

　　臣上陈说：我认为佛教不过是外国人的一种法术罢了。在后汉时传入中国，上古时从来没有。上古时，黄帝在位一百年，活了一百一十岁；少昊在位八十年，活了一百岁；颛顼在位七十九年，享年九十八岁；帝喾在位七十年，享年一百零五岁；帝尧在位九十八年，享年一百一十八岁；虞舜和大禹，也都活了一百岁。那时天下太平，百姓安乐长寿，但是中国并没有佛教。后来，殷朝的商汤也活了一百岁。商汤的孙子太戊，在位七十五年，武丁在位五十九年，史书上没有说他们活了多少年。但推断他们的年龄，大概也都不少于一百岁。周文王享年九十七岁，周武王享年九十三岁，周穆王在位一百年，此时佛法也没有传入中国。他们并不是由于信奉佛教才享高寿。

　　汉明帝的时候，中国开始有了佛教。明帝在位仅仅十八年。明帝以后国家战乱，皇帝一个接着一个夭折，国运不久长。宋、齐、梁、陈、元魏以来，信奉佛教越来越虔诚，建国的时间和皇帝的寿命却更加短暂。只有梁武帝做了四十八年的皇帝，他前后三次舍身佛寺做佛僧，他祭祀宗庙，不杀牲畜作祭品，他本人每天只吃一顿饭，只吃蔬菜和水果；但他后来竟为侯景所逼迫，饿死在台城，梁朝也很快灭亡。信奉佛教祈求保佑，反而遭到灾祸。由此看来，佛不足以信奉，是十分明白的道理。

本朝高祖皇帝在刚刚接收隋朝天下时，就打算废除佛教。当时的群臣，才能见识短浅，不能深刻领会先王的旨意，不能了解从古到今普遍适用的治国措施，无法阐明并推行高祖皇帝神圣英明的主张，以纠正信奉佛法这种社会弊病，废除佛教这件事于是就没有实行，我对此常常感到遗憾。我认为睿圣文武的皇帝陛下，您的神圣、英明，几千年来没有人比得上。陛下即位的初期，就不准许剃度人当僧尼道士，更不准许创建佛寺道观，我常以为高祖皇帝消灭佛教的意愿，一定会在陛下手中得以实现，现在纵然不会马上实现，怎么可以放纵使佛教兴盛起来呢？

如今听说陛下命令大批僧人到凤翔迎接佛骨，陛下自己则亲自登楼观看，将佛骨抬入宫内，还命令各寺院轮流迎接供奉。我虽然十分愚笨，也知道陛下一定不是被佛法迷惑，营造这样隆重的场面来敬奉，只是希望求得幸福吉祥。不过是由于年成丰足，百姓安居乐业。顺应人们的心意，为京城的士人和庶民设置奇异的景观，以及游戏玩乐罢了。哪有像您这样圣明的天子，而去相信佛骨有灵这种事呢？然而老百姓愚昧无知，容易迷惑难于清醒，如果他们看到陛下这样做，将会说陛下是真心诚意信奉佛法，都说："天子是无所不通的，还一心敬奉信仰佛，老百姓是何等样的人，怎么能够爱惜身体而不去献身为佛徒呢？于是他们就会焚香顶礼，双手合十，成十上百人聚在一起，施舍衣服钱财，从早到晚，互相仿效唯恐落在后边。老少奔波着，丢弃了他们所从事的工作和本分。如果不立即加以禁止，佛骨再经过各寺院，必定有人砍掉胳膊，割下身上的肉来奉献佛陀。伤风败俗，四方传为笑谈，这可不是小事啊！

佛本来是不开化的外国人，和中国言语不通，衣服样式不同，嘴里不讲先王留下的合乎礼法的道理，身上不穿先王规定的合乎礼法的衣服，不懂得君臣仁义、父子之情。假如他至今还活着，接受他的国君的命令，来到我国京城朝拜，陛下容纳接待他，不过在宣政殿接见一次，由礼宾院设一次酒筵招待一下，赐给他一套衣服，派兵护卫着让他离开我国境内，不许他迷惑百姓。何况他已经死了很久，枯朽的指骨是污秽不祥的死尸的残留部分，怎么可以让它进入宫廷中！

孔子说："严肃地对待鬼神，但却离他远远的。"古代的诸侯，在他的国家举行祭吊活动，尚且命令巫师首先用桃杖和扫帚举行"祓"礼，以消除不祥，这之后才进行祭吊。现在无缘无故地取来朽烂污秽的东西，陛下亲临观看它，却不先让巫师消除邪气，不用桃杖和扫帚扫除污秽，群臣不说这种做法不对，御史不指出这种做法的错误，我实在感到羞耻。我请求将佛骨交给有关部门，扔进火里水里，永远灭绝，断绝天下人的疑虑，杜绝后代人的迷惑。使天下的人知道圣人的所作所为远远地超出普通人之上，这岂不是大好事吗？岂不是十分快乐的事吗？佛如果真的灵验，能降下灾祸的话，那么，一切的祸殃，都应加在我的身上，老天爷在上面看着，我绝不后悔埋怨。我不胜感激恳切之至，谨奉上这个表章让陛下知闻，我真是诚惶诚恐。

三教图

应对西洋文化持什么态度

主讲人 冯友兰

（节选）

◆民初：指民国初期。

　　自民初以来，我们对于西洋之知识，日益增加，渐知所谓西洋文化，绝不是一个什么"德"、一个什么"统"，或一个什么"家"所能尽。清末人这种看法，就其内容看，遂成为可笑的附会，而民初人之知识，又不能用别的标准，以为文化分类。他们于是尽弃清末人所说，不但弃其所说，而并弃其看法。他们知清末人之错误，而不知其错误在于何处，遂并其不错误者而亦弃之。这是民初人的错误。

◆全牛：完整的牛。

　　民初以来，一般人专从特殊的观点，以看所谓西洋文化。他们所谓西洋文化，是"西洋"文化，此即是说，是个特殊的文化。这个特殊的文化，在他们面前，好像是一个"全牛"，其中条理，他们看不出。他们常说，中国人如何如何，西洋人如何如何。好像在他们的心目中，中国人之是如何如何，是因为其是中国人；西洋人之是如何如何，是因为其是西洋人。他们似乎不知，至少是不注意，中国人之所以是如何如何，乃因中国文化在某方面是属于某类文化；西洋人之所以是如何如何，乃因西洋文化在某方面是属于某类文化。譬如张三因患

第三课　中西方文化差异

伤寒而发烧，李四因患疟疾而发冷。张三之发烧，乃因其是患伤寒病的人，并不是因为他是张三。李四之发冷，乃因其是患疟疾的人，并不是因为他是李四。任何人患了伤寒病，都要发烧；任何人患了疟疾，都要发冷。上帝，如果有上帝，可以不患伤寒病，不患疟疾，但如果他患了伤寒病，他亦必要发烧；如果他患了疟疾，他亦必发冷。

把所谓西洋文化当成一个特殊的文化看，学西洋亦发生问题。一个个体，是一个特殊，它是不可学的。凡所谓学某个体者，其实并不是学某个体，不过是学某个体之某方面，学某个体所以属于某类之某性。例如孟子说，他愿学孔子。他所愿学而且能学者，是孔子之是圣人之一方面。若孔子之其他方面，如其是鲁人，为鲁司寇，活七十余岁等，皆是不能学的。说某个体之某方面，即是以某个体为一某类之例而观之，即是从某类之观点，以观某个体。从某类之观点，以观某个体，则某个体于此方面所有之某性，即是其主要的性质。其所有之别的性，即是其偶然的性质。例如从圣人之类之观点以观孔子，则其"圣德"是其主要的性质。其所有之别的性，如是鲁人等，皆是偶然的性质。孟子必如此看孔子，然后孔子方可学。如把一个个体作一整个看，则是不可学的。一个个体不可学，正如一个"全牛"不可吃。

其所以如此者，因一特殊的事物，可以同时属于许多类，同时有许多性。若把一特殊的事物，作为某一类之例而观之，我们固可说此特殊的事物所

◆司寇：官名。掌管司法、刑狱事务的辅政大臣。

有之许多性质中，哪些是主要的，哪些是偶然的。但若把一特殊的事物作为一特殊的事物而观之，则此特殊的事物，无论其为何事物，皆是一五光十色的"全牛"。于此五光十色中，我们不能指出哪些是其主要的性质，哪些是其偶然的性质。例如我们把张三当成一个科学家看，我们可知其能研究科学是其主要的性质，至其所有之他性质，如是西洋人，或是中国人等，都是其偶然的性质，与他之是科学家与否毫无关系。但如我们把张三当成张三看，则不能说，不能指出，张三所有哪些性质是主要的，哪些是偶然的。

一个国家或民族所有之文化，是特殊的文化，是很复杂的，可以同时属于许多类，有许多性。所谓西洋文化，亦属于许多类，亦有许多性。若从一种文化类之观点，以看所谓西洋文化，则于其许多性中，何者是主要的性质，何者是偶然的性质，我们可以说，可以指出。但若从一特殊的文化之观点，以看西洋文化，则所谓西洋文化，亦是一个五光十色的"全牛"，于此五光十色中，我们不能说，不能指出，何者是西洋文化之主要的性质，何者是其偶然的性质。自民初以来，有些人说科学及民主政治，所谓赛先生及德先生者，是西洋文化，有些人说基督教或天主教是西洋文化。崇拜德赛二先生者，固然不一定崇拜上帝，或且反对有上帝之说，但他们既是说"西洋"文化，他们不能说基督教或天主教，不是西洋文化。

因为有人以西洋文化为一特殊的文化而说之，

◆赛先生及德先生：民主与科学，英文分别是 Democracy 和 Science。根据当时的音译，"德谟克拉西"（Democracy）简称为"德先生"，"赛因斯"（Science）简称为"赛先生"。

所以于其提倡西洋化，或西化时，即引起许多纠纷。近数年来，有主张所谓全盘西化论者，有主张所谓部分西化论者，有主张所谓中国本位文化论者。无论其主张如何，但如其所谓文化是指一特殊的文化，则其主张俱是说不通，亦行不通的。

如所谓西洋文化是指一特殊的文化，则所谓全盘西化者，必须将中国文化之一特殊的文化完全变为西洋文化之一特殊的文化。如果如此，则必须中国人俱说洋话，俱穿洋服，俱信天主教或基督教等等，此是说不通，亦行不通的。主张全盘西化论者，实亦不主张此。但若其不主张此，则他所主张即与部分西化论者无异。

但如所谓西洋文化是指一特殊的文化，则主张部分西化论者，亦是说不通，行不通的。因为如以西洋文化为一特殊的文化而观之，则西洋文化是一五光十色的"全牛"，在此五光十色中，我们不能说出、指出，何为主要的性质，何为偶然的性质。如此不能说出、指出，则所谓部分西化论者，将取西洋文化中之何部分以"化"中国？科学家说，西洋之科学，是中国所应取来者。**传教师**说，西洋之宗教，是中国所应取来者。无论如何说，如果以所谓西洋文化为一特殊的文化而观之，其说总是武断的。

所谓西化论者之主张，虽说不通，行不通，而其主张却已引起有一部分人之大惧。此即主张中国本位文化论者。照他们的看法，中国是张三，西洋是李四，如张三变成李四，则即失其所以为张

◆传教师：即传教士。

三，即不是张三了。照他们的说法，中国文化有当存者，有当去者，我们应存其所当存，去其所当去。他们亦不完全反对西化，西洋文化中，有可取而为中国所当取者，他们亦主张取之。但如果以西洋文化为一特殊的文化而观之，则其五光十色中，何者是可取而当取者？即就中国文化说，如果以中国文化为一特殊的文化而观之，则所谓中国文化亦是一五光十色的"全牛"。于此五光十色中，我们不能分出，何者是其主要的性质，何者是其偶然的性质。如此我们亦不能说，其中何者是当存，何者是当去。有人说，中国的文言文，是当存者。有人说，中国的旧道德，是当存者。但无论如何说，如果以所谓中国文化为一特殊的文化而观之，其说总是武断的。

有一比较清楚的说法，持此说法者说，一般人所谓西洋文化者，实是指近代或现代文化。所谓西洋文化之所以是优越的，并不是因为它是西洋的，而是因为它是近代或现代的。这一种说法，自然是比笼统地说所谓西洋文化者通得多。有人说西洋文化是汽车文化，中国文化是洋车文化。但汽车亦并不是西洋本有的。有汽车与无汽车，乃古今之分，非中西之异也。一般人心目所有之中西之分，大部分都是古今之异。所以以近代文化或现代文化指一般人所谓西洋文化，是通得多。所以近来近代文化或现代文化一名已渐取西洋文化之名而代之。从前人常说我们要西洋化，现在人常说我们要近代化或现代化。这并不是专是名词上改变，这表示近来人

第三课　中西方文化差异

的一种见解上的改变。这表示，一般人已渐觉得以前所谓西洋文化之所以是优越的，并不是因为它是西洋的，而是因为它是近代的或现代的。我们近百年来之所以到处吃亏，并不是因为我们的文化是中国的，而是因为我们的文化是中古的。这一个觉悟是很大的。即专就名词说，近代化或现代化之名，比西洋化之名，实亦较不含混。基督教化或天主教化确不是近代化，或现代化，但不能不说是西洋化，虽大部分主张西洋化者不主张基督教化，或天主教化，或且积极反对这种"化"，但他所用的名词却亦指这种"化"。

不过我们说近代文化或现代文化，我们还是从特殊的观点以观事物。我们所谓近代或现代者，不是指古人的近代或现代，不是指任何近代或现代，而是指我们的"这个"近代与现代。我们的"这个"近代或现代，就是"这个"近代或现代，而不是别的近代或现代。它亦是个特殊，不是个类型。因为所谓近代文化或现代文化者，亦是一个特殊的文化；它亦是一个五光十色的"全牛"。在这些五光十色中，我们亦不能指出何者是其主要的性质，何者是其偶然的性质。飞机大炮与狐步跳舞，是否都是近代文化或现代文化所必需有者？❶专从近代文化或现代文化说，这个问题是不能问，亦不能答的。因为一特殊的事物所有之性质，就此特殊的事物说，是无所谓主要的或偶然的，说一特殊的事物

---

❶ 见课后延展阅读：《拿来主义》。

所有之性质有些是主要的，有些是偶然的，都是从类的观点，以看特殊的事物。

若从类的观点，以看西洋文化，则我们可知所谓西洋文化之所以是优越的，并不是因为它是西洋的，而是因为它是某种文化的。于此我们所要注意者，并不是一特殊的西洋文化，而是一种文化的类型。从此类型的观点，以看西洋文化，则在其五光十色的诸性质中，我们可以说，可以指出，其中何者对于此类是主要的，何者对于此类是偶然的。其主要的是我们所必取者，其偶然的是我们所不必取者。若从类的观点，以看中国文化，则我们亦可知我们近百年来所以到处吃亏者，并不是因为我们的文化，是中国的，而是因为它是某种文化的。于此我们所要注意者，亦并不是一特殊的中国文化，而是某一种文化之类型。从此类型的观点，以看中国文化，我们亦可以说，可以指出，于此五光十色的诸性质中，何者对于此类是主要的，何者对于此类是偶然的，其主要的是我们所当去者，其偶然的是我们所当存者，至少是所不必去者。

照此方向以改变我们的文化，则此改变是全盘的。因为照此方向以改变我们的文化，即是将我们的文化自一类转入另一类。就此一类说，此改变是完全的，彻底的，所以亦是全盘的。

此改变又是部分的。因为照此方向以改变我们的文化，我们只是将我们的文化自一类转入另一类，并不是将我们的一个特殊的文化，改变为另一个特殊的文化。我们的文化之与此类有关之诸性，当改变，必改变；但其与此类无关之诸性，则不当改变，或不必改变。所以自中国文化之特殊的文化说，此改变是部分的。

此改变又是中国本位的。因为照此方向以改变我们的文化，我们只是将我们的文化，自一类转入另一类，并不是将我们的一个特殊的文化，改变为另一个特殊的文化。

各类文化本是公共的。任何国家或民族俱可有之，而仍不失其为某国家或某民族。如张三是科学家，李四亦是科学家，科学家之类是公共的。张三是科学家，不失其为张三；李四是科学家，亦不失其为李四。张三可在李四是科学家之方面学李四，但他所学者是李四之是科学家，而不是其是李四。张三、李四，除同是科学家外，在别的方面，张三自有其是张三者，李四自有其是李四者。所以如照上所说之方向以改变中国文化，则所谓中国本位文化之问题，自亦不成问题。

（选自《三松堂全集》）

延展阅读

拿来主义

鲁 迅

中国一向是所谓"闭关主义",自己不去,别人也不许来。自从给枪炮打破了大门之后,又碰了一串钉子,到现在,成了什么都是"送去主义"了。别的且不说罢,单是学艺上的东西,近来就先送一批古董到巴黎去展览,但终"不知后事如何";还有几位"大师"们捧着几张古画和新画,在欧洲各国一路的挂过去,叫作"发扬国光"。听说不远还要送梅兰芳博士到苏联去,以催进"象征主义",此后是顺便到欧洲传道。我在这里不想讨论梅博士演艺和象征主义的关系,总之,活人替代了古董,我敢说,也可以算得显出一点进步了。

但我们没有人根据了"礼尚往来"的仪节,说道:拿来!

当然,能够只是送出去,也不算坏事情,一者见得丰富,二者见得大度。尼采就自诩过他是太阳,光热无穷,只是给与,不想取得。然而尼采究竟不是太阳,他发了疯。中国也不是,虽然有人说,掘起地下的煤来,就足够全世界几百年之用。但是,几百年之后呢?几百年之后,我们当然是化为魂灵,或上天堂,或落了地狱,但我们的子孙是在的,所以还应该给他们留下一点礼品。要不然,则当佳节大典之际,他们拿不出东西来,只好磕头贺喜,讨一点残羹冷炙做奖赏。

这种奖赏,不要误解为"抛来"的东西,这是"抛给"的,说得冠冕些,可以称之为"送来",我在这里不想举出实例。

　　我在这里也并不想对于"送去"再说什么，否则太不"摩登"了。我只想鼓吹我们再吝啬一点，"送去"之外，还得"拿来"，是为"拿来主义"。

　　但我们被"送来"的东西吓怕了。先有英国的鸦片，德国的废枪炮，后有法国的香粉，美国的电影，日本的印着"完全国货"的各种小东西。于是连清醒的青年们，也对于洋货发生了恐怖。其实，这正是因为那是"送来"的，而不是"拿来"的缘故。

　　所以我们要运用脑髓，放出眼光，自己来拿！

　　譬如罢，我们之中的一个穷青年，因为祖上的阴功（姑且让我这么说说罢），得了一所大宅子，且不问他是骗来的，抢来的，或合法继承的，或是做了女婿换来的。那么，怎么办呢？我想，首先是不管三七二十一，"拿来"！但是，如果反对这宅子的旧主人，怕给他的东西染污了，徘徊不敢走进门，是孱头；勃然大怒，放一把火烧光，算是保存自己的清白，则是昏蛋。不过因为原是羡慕这宅子的旧主人的，而这回接受一切，欣欣然的蹩进卧室，大吸剩下的鸦片，那当然更是废物。"拿来主义"者是全不这样的。

　　他占有，挑选。看见鱼翅，并不就抛在路上以显其"平民化"，只要有养料，也和朋友们像萝卜白菜一样的吃掉，只不用它来宴大宾；看见鸦片，也不当众摔在毛厕里，以见其彻底革命，只送到药房里去，以供治病之用，却不弄"出售存膏，售完即止"的玄虚。只有烟枪和烟灯，虽然形式和印度，波斯，阿剌伯的烟具都不同，确可以算是一种国粹，倘使背着周游世界，一定会有人看，但我想，除了送一点进博物馆之外，其余的是大可以毁掉的了。还有一群姨太太，也大以请她们各自走散为是，要不然，"拿来主义"怕未免有些危机。

　　总之，我们要拿来。我们要或使用，或存放，或毁灭。那么，主人是新主人，宅子也就会成为新宅子。然而首先要这人沉着，勇猛，有辨别，不自私。没有拿来的，人不能自成为新人，没有拿来的，文艺不能自成为新文艺。

鲁迅像